Building a North American Community

Building a North American Community

Report of an Independent Task Force

Sponsored by the Council on Foreign Relations
with the
Canadian Council of Chief Executives and the
Consejo Mexicano de Asuntos Internacionales

Founded in 1921, the Council on Foreign Relations is an independent, national membership organization and a nonpartisan center for scholars dedicated to producing and disseminating ideas so that individual and corporate members, as well as policymakers, journalists, students, and interested citizens in the United States and other countries, can better understand the world and the foreign policy choices facing the United States and other governments. The Council does this by convening meetings; conducting a wide-ranging Studies program; publishing *Foreign Affairs*, the preeminent journal covering international affairs and U.S. foreign policy; maintaining a diverse membership; sponsoring Independent Task Forces; and providing up-to-date information about the world and U.S. foreign policy on the Council's website, www.cfr.org.

THE COUNCIL TAKES NO INSTITUTIONAL POSITION ON POLICY ISSUES AND HAS NO AFFILIATION WITH THE U.S. GOVERNMENT. ALL STATEMENTS OF FACT AND EXPRESSIONS OF OPINION CONTAINED IN ITS PUBLICA-TIONS ARE THE SOLE RESPONSIBILITY OF THE AUTHOR OR AUTHORS.

The Council will sponsor an Independent Task Force when (1) an issue of current and critical importance to U.S. foreign policy arises, and (2) it seems that a group diverse in backgrounds and perspectives may, nonetheless, be able to reach a meaningful consensus on a policy through private and nonpartisan deliberations. Typically, a Task Force meets between two and five times over a brief period to ensure the relevance of its work.

Upon reaching a conclusion, a Task Force issues a report, and the Council publishes its text and posts it on the Council website. Task Force reports reflect a strong and meaningful policy consensus, with Task Force members endorsing the general policy thrust and judgments reached by the group, though not necessarily every finding and recommendation. Task Force members who join the consensus may submit additional or dissenting views, which are included in the final report. Upon reaching a conclusion, a Task Force may also ask individuals who were not members of the Task Force to associate themselves with the Task Force report to enhance its impact. All Task Force reports "benchmark" their findings against current administration policy in order to make explicit areas of agreement and disagreement. The Task Force is solely responsible for its report. The Council takes no institutional position on the findings or recommendations in the report. The Task Force on the Future of North America is sponsored by the Council on Foreign Relations with the Canadian Council of Chief Executives and the Consejo Mexicano de Asuntos Internacionales.

For further information about the Council or this Task Force, please write to the Council on Foreign Relations, 58 East 68th Street, New York, NY 10021, or call the Director of Communications at 212-434-9400. Visit our website at www.cfr.org.

Founded in 1976, the Canadian Council of Chief Executives (CCCE) is Canada's premier business association, with an outstanding record of achievement in matching entrepreneurial initiative with sound public policy choices. Composed of the chief executives of 150 leading Canadian enterprises, the CCCE was the Canadian private sector leader in the development and promotion of the Canadian-U.S. Free Trade Agreement during the 1980s and of the subsequent trilateral North American Free Trade Agreement.

The Consejo Mexicano de Asuntos Internacionales (COMEXI) is the only multidisciplinary organization committed to fostering sophisticated, broadly inclusive political discourse and analysis on the nature of Mexico's participation in the international arena and the relative influence of Mexico's increasingly global orientation on domestic priorities. The Council is an independent, nonprofit, pluralistic forum, with no government or institutional ties, that is financed exclusively by membership dues and corporate support. The main objectives of COMEXI are to provide information and analysis of interest to our associates, as well as to create a solid institutional framework for the exchange of ideas concerning pressing world issues that affect our country.

Task Force Co-Chairs

[signature]

John P. Manley

[signature]

Pedro Aspe

[signature]

William F. Weld

Vice Chairs

[signature]

Thomas P. d'Aquino

[signature]

Andrés Rozental

[signature]

Robert A. Pastor

Task Force Members

Pedro Aspe

Thomas S. Axworthy*

Heidi S. Cruz*

Nelson W. Cunningham*

Thomas P. d'Aquino

Alfonso de Angoitia

Luis de la Calle Pardo*

Wendy K. Dobson*

Richard A. Falkenrath*

Rafael Fernández de Castro

Ramón Alberto Garza

Gordon D. Giffin

Allan Gotlieb*

Michael Hart

Carlos Heredia*

Carla A. Hills*

Gary C. Hufbauer*

Pierre Marc Johnson*

James R. Jones

Chappell H. Lawson*

John P. Manley

David McD. Mann

Doris M. Meissner

Thomas M.T. Niles

Beatriz Paredes*

Robert A. Pastor*

Andrés Rozental

Luis Rubio

Jeffrey J. Schott*

William F. Weld

Raul H. Yzaguirre

*The individual has endorsed the report and submitted an additional or a dissenting view.

Contents

Tables des matières

Contenido

Foreword

America's relationship with its North American neighbors rarely gets the attention it warrants. This report of a Council-sponsored Independent Task Force on the Future of North America is intended to help address this policy gap. In the more than a decade since the North American Free Trade Agreement (NAFTA) took effect, ties among Canada, Mexico, and the United States have deepened dramatically. The value of trade within North America has more than doubled. Canada and Mexico are now the two largest exporters of oil, natural gas, and electricity to the United States. Since 9/11, we are not only one another's major commercial partners, we are joined in an effort to make North America less vulnerable to terrorist attack.

This report examines these and other changes that have taken place since NAFTA's inception and makes recommendations to address the range of issues confronting North American policymakers today: greater economic competition from outside North America, uneven development within North America, the growing demand for energy, and threats to our borders.

The Task Force offers a detailed and ambitious set of proposals that build on the recommendations adopted by the three governments at the Texas summit of March 2005. The Task Force's central recommendation is establishment by 2010 of a North American economic and security community, the boundaries of which would be defined by a common external tariff and an outer security perimeter.

Unlike previous Council-sponsored Task Forces, this project was international, or trinational to be precise. The membership was comprised of policy practitioners, scholars, and business leaders from each of the three countries. The Task Force held meetings in Toronto, New York, and Monterrey. In this effort, the Council partnered with two outstanding institutions, the Canadian Council of Chief Executives and the Consejo Mexicano de Asuntos Internacionales. I thank them for their collaboration, collegiality, and support. We were extremely lucky that three experienced and dedicated North Americans—John P. Manley, Pedro Aspe, and William F. Weld—agreed to lead this effort. My appreciation as well goes to vice-chairs Thomas P. d'Aquino, Andrés Rozental, and Robert A. Pastor, project director Chappell H. Lawson, and Lee Feinstein, executive director of the Council's Task Force program. This report simply would not have been possible without their commitment, dedication, and expertise. Finally, I want to thank the Task Force members for the tremendous intellectual and time commitment they have made to this project, resulting in a valuable and lasting contribution to a subject of great importance to our three countries and beyond.

Richard N. Haass
President
Council on Foreign Relations
May 2005

Acknowledgments

A Task Force is only as good as its chairmen. This Task Force benefited immeasurably from the intellectual leadership and commitment of John P. Manley, Pedro Aspe, and William F. Weld. Their determination, humor, and good judgment brought this Task Force to a strong consensus. We were fortunate, also, to have had three highly knowledgeable and energetic vice chairs: Thomas P. d'Aquino, Andrés Rozental, and Robert A. Pastor. We are grateful to the Task Force membership, an impressive and dedicated group of Canadians, Mexicans, and Americans committed to building a more prosperous and secure North America. We thank Chappell H. Lawson, project director, for his fine contributions to the Task Force's work.

The Task Force thanks Canada's deputy prime minister and minister of public safety and emergency preparedness, Anne McLellan, and Suncor Energy Inc. President and Chief Executive Officer Richard George, who briefed the group in Toronto in October 2004; U.S. Senator John Cornyn (R-TX), Mexican Consul General Arturo Sarukhan, Hess Energy Trading Company Executive Adviser Edward L. Morse, and Director of the Center for Brazilian Studies at Columbia University Albert Fishlow, for their contributions to the meeting in New York in December 2004; and Nuevo Leon Governor Jose Natividad Gonzalez Paras and North American Development Bank Director Raul Rodriguez, who met with the Task Force in Monterrey in February 2005. In addition, the following individuals helped to ensure three productive Task Force sessions and deserve our hearty thanks: Dan

Gerstein, Eric Hrubant, Ramón Alberto Garza, and Eva Tamez. Nora Weiss, Elena Rich, Marcela Pimentel Lusarreta, Jorge Anaya, and Andrés Rozental lent their impressive translation skills to the effort.

Convening a trinational Task Force is a tremendous undertaking. It would not have been possible without the support of the Canadian Council of Chief Executives and the Consejo Mexicano de Asuntos Internacionales, which joined with the Council on Foreign Relations in this effort.

At the Council on Foreign Relations, we would like to thank Council President Richard N. Haass, who proposed this Task Force and supported it throughout. Lisa Shields, Anya Schmemann, Kate Zimmerman, John Havens, Nancy Bodurtha, Meaghan Mills, Patricia Dorff, and Irina Faskianos helped to ensure that the Task Force's work received the attention of policymakers and press. Special thanks go to our colleagues on the Task Force staff, specifically Task Force Program Assistant Director Lindsay Workman and Research Associate Andrea Walther. This report would not have been possible without their expertise and dedication.

At the Canadian Council of Chief Executives (CCCE), we would like to recognize Executive Vice President David Stewart-Patterson, who provided significant editorial contributions, along with his colleagues Sam Boutziouvis, Nancy Wallace, Ross Laver, Cheryl Eadie, and Monique Kaymond-Duré. We also would like to thank the member chief executive officers whose companies support the CCCE's *North American Security and Prosperity Initiative*, which funded the CCCE's contribution to the work of the Task Force.

At the Consejo Mexicano de Asuntos Internacionales (COMEXI), our appreciation goes to its director, Aurora Adame, and to her able staff.

Finally, we are grateful to the Archer Daniels Midland Company, Merrill Lynch & Co., and Yves-Andre Istel for the generous financial support each provided for the work of this Task Force.

Lee Feinstein
Executive Director, Task Force Program

Task Force Report

Introduction

The security and well-being of its citizens are at the pinnacle of any government's responsibilities. At the beginning of the twenty-first century, the futures of Canada, Mexico, and the United States are shared as never before. As a result, all three countries face a historic challenge: Do they continue on the path of cooperation in promoting more secure and more prosperous North American societies, or do they pursue divergent and ultimately less secure and less prosperous courses? To ask the question is to answer it; and yet, if important decisions are not pursued and implemented, the three countries may well find themselves on divergent paths. Such a development would be a tragic mistake, one that can be readily avoided if they stay the course and pursue a series of deliberate and cooperative steps that will enhance both the security and prosperity of their citizens.

At their meeting in Waco, Texas, at the end of March 2005, U.S. President George W. Bush, Mexican President Vicente Fox, and Canadian Prime Minister Paul Martin committed their governments to a path of cooperation and joint action. We welcome this important development and offer this report to add urgency and specific recommendations to strengthen their efforts.

The three countries of North America are each other's largest trading partners. More than 80 percent of Canadian and Mexican trade is with its North American Free Trade Agreement (NAFTA) partners. Almost one-third of U.S. trade is with Canada and Mexico. Trade among these three countries has tripled in value over the past decade.

1

In addition, cross-border direct investment has increased sharply, contributing to the integration of the three economies.

North America is also energy interdependent, though not energy independent. In 2004, Canada and Mexico were the two largest exporters of oil to the United States. Canada supplies the United States with roughly 90 percent of its imported natural gas and all of its imported electricity.

In addition, all three countries face common security dangers, from terrorism to drug trafficking to international organized crime. Addressing these dangers is a major challenge in this dynamic region: the borders between Canada, the United States, and Mexico will be crossed over 400 million times in 2005.

As liberal democracies, the governments also share common principles: protecting individual rights, upholding the rule of law, and ensuring equality of opportunity for their citizens. North America, in short, is more than an expression of geography. It is a partnership of sovereign states with overlapping economic and security interests, where major developments in one country can and do have a powerful impact on the other two.

More than a decade ago NAFTA took effect, liberalizing trade and investment, providing crucial protection for intellectual property, creating pioneering dispute-resolution mechanisms, and establishing the first regional devices to safeguard labor and environmental standards. NAFTA helped unlock the region's economic potential and demonstrated that nations at different levels of development can prosper from the opportunities created by reciprocal free trade arrangements.

Since then, however, global commercial competition has grown more intense and international terrorism has emerged as a serious regional and global danger. Deepening ties among the three countries of North America promise continued benefits for Canada, Mexico, and the United States. That said, the trajectory toward a more integrated and prosperous North America is neither inevitable nor irreversible.

In March 2005, the leaders of Canada, Mexico, and the United States adopted a Security and Prosperity Partnership of North America (SPP), establishing ministerial-level working groups to address key security and economic issues facing North America and setting a short

Security and Prosperity Partnership

deadline for reporting progress back to their governments. President Bush described the significance of the SPP as putting forward a common commitment "to markets and democracy, freedom and trade, and mutual prosperity and security." The policy framework articulated by the three leaders is a significant commitment that will benefit from broad discussion and advice. The Task Force is pleased to provide specific advice on how the partnership can be pursued and realized.

To that end, the Task Force proposes the creation by 2010 of a North American community to enhance security, prosperity, and opportunity. We propose a community based on the principle affirmed in the March 2005 Joint Statement of the three leaders that "our security and prosperity are mutually dependent and complementary." Its boundaries will be defined by a common external tariff and an outer security perimeter within which the movement of people, products, and capital will be legal, orderly, and safe. Its goal will be to guarantee a free, secure, just, and prosperous North America.

What We Face

Our countries face three common challenges:

Shared security threats. Over the last decade, terrorist and criminal activity has underscored North America's vulnerability. All of the 9/11 terrorists succeeded in entering the United States directly from outside North America, but the 1999 arrest of a person trying to cross the Canadian–U.S. border as part of a plot to bomb the Los Angeles airport shows that terrorists may also try to gain access to the United States through Canada and Mexico. This person was found to have cased Canadian targets as well, and al-Qaeda has publicly listed Canada as one of its prime targets along with the United States.

Failure to secure the external borders of North America will inhibit the legitimate movement of people and goods within the continent. After the 9/11 attacks, delays at the Canadian–U.S. border prompted parts shortages in both countries, costing manufacturers millions of dollars an hour. Trade across the Mexican–U.S. border also suffered in the immediate aftermath of the attacks, which hindered U.S. economic growth. Continent-wide consequences mean that Canada and Mexico have an overriding commercial interest in increasing North American security, apart from any other considerations. In addition, future terrorist assaults could target critical infrastructure or sites in any of the three countries.

Beyond terrorism, all three countries must deal with a persistent flow of undocumented immigrants. International criminal activity also poses a continuing threat to public safety in the region, including drug- and gang-related violence along the Mexican–U.S. frontier. These cross-border threats cannot be adequately addressed by any one government alone.

Failure to address security issues will ultimately undermine gains on other matters. In the North American context, failure to collaborate effectively to address security issues will have a direct impact on commercial relationships as well as on our freedoms and quality of life.

Shared challenges to our economic growth and development.
NAFTA has dramatically enhanced our ability to make better use of the abundant resources of our three countries and thus made an important contribution to economic growth within North America. Over the last decade, however, our economies have faced growing challenges in increasingly competitive and globalized world markets. We need to do more to ensure that our policies provide our firms and workers with a fair and unfettered basis to meet the challenges of global competition. Unwieldy North American rules of origin, increasing congestion at our ports of entry, and regulatory differences among our three countries raise costs instead of reducing them. Trade in certain sectors—such as natural resources, agriculture, and energy—remains far from free, and disputes in these areas have been a source of disagreement among our countries. Furthermore, the NAFTA partners have been unable to resolve a number of important trade and investment disputes, which has created continuing tension in our commercial relationships.

Leaders in our three countries have acknowledged these challenges and discussed a wide range of responses during the 2005 Texas summit. Those involving changes in formal trade agreements will of necessity take time to negotiate and ratify. However, in other areas, notably regulatory cooperation and the expansion of transborder activities in critical sectors such as transportation and financial services, there is a shared recognition that the three countries can and should act quickly in ways that would make a real difference in improving the competitiveness of firms and individuals in North America.

Shared challenge of uneven economic development. A fast lane to development is crucial for Mexico to contribute to the security of the entire region. Mexico's development has failed to prevent deep disparities between different regions of the country, and particularly between remote regions and those better connected to international markets. Northern states have grown ten times faster than those in the center and south of the country. Lack of economic opportunity encourages unauthorized migration and has been found to be associated with corruption, drug trafficking, violence, and human suffering. Improvements in human capital and physical infrastructure in Mexico, particularly in the center and south of the country, would knit these regions more firmly into the North American economy and are in the economic and security interest of all three countries.

NaSCO

Leaders in our three countries have acknowledged these problems and indicated their support for a number of promising measures, including immigration reform, but there remains considerable scope for more individual, bilateral, and joint efforts to address development needs.

What We Can Do

In making its recommendations, the Task Force is guided by the following principles:

- The three governments should approach continental issues together with a trinational perspective rather than the traditional "dual-bilateral" approach that has long characterized their relationships. Progress may proceed at two speeds in some spheres of policy. Canada and the United States, for example, already share a long history of military cooperation and binational defense institutions, and they should continue to deepen their bilateral alliance while opening the door to more extensive cooperation with Mexico. Yet many issues would be better addressed trinationally. Shared concerns range from regional economic growth to law enforcement, from energy security to regulatory policy, from dispute resolution to continental defense.

- North America is different from other regions of the world and must find its own cooperative route forward. A new North American community should rely more on the market and less on bureaucracy, more on pragmatic solutions to shared problems than on grand schemes of confederation or union, such as those in Europe. We must maintain respect for each other's national sovereignty.

- Our economic focus should be on the creation of a common economic space that expands economic opportunities for all people in the region, a space in which trade, capital, and people flow freely.

- The strategy needs to be integrated in its approach, recognizing the extent to which progress on each individual component enhances achievement of the others. Progress on security, for example, will allow a more open border for the movement of goods and people; progress on regulatory matters will reduce the need for active customs administration and release resources to boost security. North American solutions could ultimately serve as the basis for initiatives involving other like-minded countries, either in our hemisphere or more broadly.

- Finally, a North American strategy must provide real gains for all partners and must not be approached as a zero-sum exercise. Poverty and deprivation are breeding grounds for political instability and undermine both national and regional security. The progress of the poorest among us will be one measure of success.

Recommendations

The recommendations of the Task Force fall into two broad categories that correspond with the imperative to build a safer and more prosperous continent. The Task Force also proposes reforms and institutions within each of the three governments to promote progress in these areas. The Task Force has framed its recommendations into shorter-term measures that should be pursued now, and long-term steps to be implemented by 2010.

①Making North America Safer

Security

The threat of international terrorism originates for the most part outside North America. Our external borders are a critical line of defense against this threat. Any weakness in controlling access to North America from abroad reduces the security of the continent as a whole and exacerbates the pressure to intensify controls on intracontinental movement and traffic, which increases the transaction costs associated with trade and travel within North America.

September 11 highlighted the need for new approaches to border management. In December 2001, Canada and the United States signed the Smart Border Declaration and an associated 30-point Action Plan to secure border infrastructure, facilitate the secure movement of people and goods, and share information. A similar accord, the United States-Mexico Border Partnership Agreement, and its 22-point Action Plan, were signed in March 2002. Both agreements included measures to facilitate faster border crossings for pre-approved travelers, develop and promote systems to identify dangerous people and goods, relieve congestion at borders, and revitalize cross-border cooperation mechanisms and information sharing. The three leaders pledged additional measures at their March 2005 summit meeting.

The defense of North America must also consist of a more intense level of cooperation among security personnel of the three countries, both within North America and beyond the physical boundaries of the continent. The Container Security Initiative, for example, launched by the United States in the wake of 9/11, involves the use of intelligence, analysis, and inspection of containers not at the border but at a growing number of overseas ports from which goods are shipped. The ultimate goal is to provide screening of all containers destined for any port in North America, so that once unloaded from ships, containers may cross land borders within the region without the need for further inspections.

WHAT WE SHOULD DO NOW

- **Establish a common security perimeter by 2010**. The governments of Canada, Mexico, and the United States should articulate as their long-term goal a common security perimeter for North America. In particular, the three governments should strive toward a situation in which a terrorist trying to penetrate our borders will have an equally hard time doing so, no matter which country he elects to enter first. We believe that these measures should be extended to include a commitment to common approaches toward international negotiations on the global movement of people, cargo, and vessels. Like free trade a decade ago, a common security perimeter for North America is an ambitious but achievable goal that will require specific policy, statutory, and procedural changes in all three nations.

- **Develop a North American Border Pass.** The three countries should develop a secure North American Border Pass with biometric identifiers. This document would allow its bearers expedited passage through customs, immigration, and airport security throughout the region. The program would be modeled on the U.S.-Canadian "NEXUS" and the U.S.-Mexican "SENTRI" programs, which

provide "smart cards" to allow swifter passage to those who pose
no risk. Only those who voluntarily seek, receive, and pay the costs
for a security clearance would obtain a Border Pass. The pass would
be accepted at all border points within North America as a complement to, but not a replacement for, national identity documents
or passports.

- **Develop a unified North American border action plan.** The
  closing of the borders following the 9/11 attacks awakened all three
  governments to the need for rethinking management of the borders.
  Intense negotiations produced the bilateral "Smart Borders" agreements. Although the two borders are different and may in certain
  instances require policies that need to be implemented at two speeds,
  cooperation by the three governments in the following areas would
  lead to a better result than a "dual-bilateral" approach:
  - Harmonize visa and asylum regulations, including convergence
    of the list of "visa waiver" countries;
  - Harmonize entry screening and tracking procedures for people,
    goods, and vessels (including integration of name-based and biome-
    tric watch lists);
  - Harmonize exit and export tracking procedures;
  - Fully share data about the exit and entry of foreign nationals; and
  - Jointly inspect container traffic entering North American ports,
    building on the Container Security Initiative.

- **Expand border infrastructure.** While trade has nearly tripled
  across both borders since the Canadian-U.S. Free Trade Agreement
  (FTA) and NAFTA were implemented, border customs facilities
  and crossing infrastructure have not kept pace with this increased
  demand. Even if 9/11 had not occurred, trade would be choked at
  the border. There have been significant new investments to speed
  processing along both the Canadian-U.S. and Mexican-U.S. borders,
  but not enough to keep up with burgeoning demand and additional
  security requirements. The three governments should examine the
  options for additional border facilities and expedite their construction.
  In addition to allowing for continued growth in the volume of

transborder traffic, such investments must incorporate the latest technology, and include facilities and procedures that move as much processing as possible away from the border.

WHAT WE SHOULD DO BY 2010

- **Lay the groundwork for the freer flow of people within North America.** The three governments should commit themselves to the long-term goal of dramatically diminishing the need for the current intensity of the governments' physical control of cross-border traffic, travel, and trade within North America. A long-term goal for a North American border action plan should be joint screening of travelers from third countries at their first point of entry into North America and the elimination of most controls over the temporary movement of these travelers within North America.

Law Enforcement and Military Cooperation

Security cooperation among the three countries should also extend to cooperation on counterterrorism and law enforcement, which would include the establishment of a trinational threat intelligence center, the development of trinational ballistics and explosives registration, and joint training for law enforcement officials.

As founding members of the North Atlantic Treaty Organization (NATO), Canada and the United States are close military allies. When Canadian troops hunt terrorists and support democracy in Afghanistan, or when Canadian ships lead patrols in the Persian Gulf, they engage in the "forward defense" of North America by attacking the bases of support for international terrorism around the world. Although Mexico is not a NATO member and does not share the same history of military cooperation, it has recently begun to consider closer collaboration on disaster relief and information-sharing about external threats. Defense cooperation, therefore, must proceed at two speeds toward a common goal. We propose that Mexico begin with confidence-building dialogue and information exchanges, moving gradually to further North American cooperation on issues such as joint threat assessment, peacekeeping operations, and eventually, a broader defense structure for the continent.

WHAT WE SHOULD DO NOW

- **Expand NORAD into a multiservice Defense Command.** The North American Aerospace Defense Command (NORAD) has for decades been the primary vehicle for expression of the unique defense alliance between Canada and the United States. As recommended in a report of the Canadian-U.S. Joint Planning Group, NORAD should evolve into a multiservice Defense Command that would expand the principle of Canadian-U.S. joint command to land and naval as well as air forces engaged in defending the approaches to North America. In addition, Canada and the United States should reinforce other bilateral defense institutions, including the Permanent Joint Board on Defense and Joint Planning Group, and invite Mexico to send observers.

- **Increase information and intelligence-sharing at the local and national levels in both law enforcement and military organizations.** Law enforcement cooperation should be expanded from its current levels through the exchange of liaison teams and better use of automated systems for tracking, storing, and disseminating timely intelligence. This should be done immediately. In the area of military cooperation, collaboration can proceed more slowly, especially between U.S. and Mexican militaries. However, the ultimate goal needs to be the timely sharing of accurate information and intelligence and higher levels of cooperation.

  The United States and Canada should invite Mexico to consider more extensive information-sharing and collaborative planning involving military organizations and law enforcement as a means to build mutual trust and pave the way for closer cooperation in the future. Training and exercises should be developed to increase the cooperation and interoperability among and between the law enforcement agencies and militaries. These steps will provide better capabilities for detection of threats, preventative action, crisis response, and consequence management. At least one major trilateral exercise conducted by law enforcement authorities and one by the militaries should be established as a goal over the next year. Of course, the extent of cooperation will be affected by the progress of reform of the police forces, customs, and judicial branch in Mexico.

In addition to the sharing of information, a Joint Analysis Center should be established immediately to serve as a clearing house for information and development of products for supporting law enforcement and, as appropriate, military requirements.

Spread the Benefits of Economic Development

NAFTA has transformed Mexico, but it has also deepened and made much more visible the divisions that exist in the country. Indeed, the northern part of Mexico, where the population has a higher level of education and is better connected to American and Canadian markets, has grown significantly faster than the center and the south.

NAFTA was designed to create new opportunities for trade and investment in Mexico and thus complement Mexican development programs. Officials hoped that Mexico would grow much faster than its more industrialized partners and begin to narrow the income gap among the three countries. However, investment has been modest, preventing Mexico from achieving higher levels of growth. Indeed, the Organization for Economic Cooperation and Development (OECD) estimated that, with significant levels of investment, Mexico's potential growth rate could reach 6 percent. But that requires big changes in current policies. For example, the World Bank estimated in 2000 that $20 billion per year for a decade is needed for essential infrastructure and educational projects in Mexico.

The gap in wages has led many Mexicans to travel north in search of higher incomes and better opportunities. For the past three decades, Mexico has been the largest source of legal immigrants to the United States, and Mexican-Americans make increasingly valued and growing contributions to the life of the United States and, through remittances, to their families at home. Mexico is also the leading source of unauthorized migration, with attendant economic and security problems in both countries and untold hardships for Mexican migrants. Over time, the best way to diminish these problems is by promoting better economic opportunities in Mexico. Mexico also requires significant reforms in its tax and energy policies so that it can use its own resources more effectively to advance its economic development.

WHAT WE SHOULD DO NOW

- **Intensify Mexican efforts to accelerate its economic development.** To achieve this objective, Mexico must reorient its economic policies to encourage more investment and to distribute the benefits of economic growth more equitably and efficiently across the country. Progress needs to be made, in particular, in the following areas: (1) dramatically expanding investment and productivity in the energy sector; (2) continuing efforts to enhance governmental transparency, build regulatory capacity, and deepen judicial reform; (3) improving public access to high-quality education; (4) promoting the development of basic infrastructure projects by state and municipal governments; (5) helping small and medium-sized producers take advantage of economic integration; (6) increasing the federal tax base as a percentage of gross domestic product; and (7) establishing clear and measurable objectives for public spending. Of course, it will be up to Mexicans to develop the policy conditions for these changes to take place.

  All three countries need to acknowledge that a major regional effort is also necessary. To that end, Canada and the United States should build on their bilateral initiatives supporting Mexico's development, notably the U.S.-Mexico Partnership for Prosperity and the Canada–Mexico Partnership. In both programs, the private sector in all three countries is a partner in the development effort. Mexico should also be recognized as a priority within the international development programs of both the United States and Canada, and both should explore with the World Bank and the Inter-American Development Bank ways to use multilateral development funds most effectively to address the North American development challenge. Canada recently announced a major reform of its development assistance programs, doubling overall resources while focusing its efforts on a core group of countries. Mexico is not included in that new list and it should be.

- **Establish a North American investment fund for infrastructure and human capital.** With a more conducive investment
  climate in Mexico, private funds will be more accessible for infrastructure and development projects. The United States and Canada should
  establish a North American Investment Fund to encourage private
  capital flow into Mexico. The fund would focus on increasing and
  improving physical infrastructure linking the less developed parts of
  Mexico to markets in the north, improving primary and secondary
  education, and technical training in states and municipalities committed to transparency and institutional development. A relatively small
  amount of funds should be targeted for technical assistance for project
  design and evaluation, management, and training. If the North American Investment Fund is to be effective, it will need significant help
  from the United States and Canada, and counterpart funding through
  higher tax revenues from Mexico. The fund design should consider
  such issues as incentives and debt absorption and management capacity of subnational governments to ensure that resources are effectively
  used. The fund will need to be managed in a transparent manner
  according to best international practices, and should be capitalized
  through a diverse set of innovative financial mechanisms. Availability
  of credit enhancement mechanisms for long-term loans in pesos will
  be critical.

- **Enhance the capacity of the North American Development
  Bank (NADBank).** NADBank was conceived to support environmental infrastructure projects within 100 kilometers on both sides
  of the Mexican–U.S. border. After a slow start, NADBank has done
  important work over recent years, and its mandate has been expanded
  recently to cover 300 kilometers into Mexico. However, to achieve
  its full potential, the U.S. and Mexican governments should
  (1) expand NADBank's mandate to include other infrastructure sectors, particularly transportation; (2) permit it to access domestic capital
  markets and apply credit enhancement tools; (3) support the establishment of revolving funds through both grants and soft loans throughout its jurisdiction; and (4) strengthen its technical assistance programs
  to promote good governance and creditworthiness of communities
  and public utilities. Finally, NADBank's internal procedures and the

process of project certification should be reformed in order to allow for a significantly faster and more transparent deployment of funds.

Develop a North American Resource Strategy

All three North American countries produce substantial amounts of energy, but the region as a whole is a net importer of energy. Washington's two neighbors are its biggest suppliers of energy. The production of oil and natural gas on the continent is not keeping up with the growth in demand.

Although North American production of oil and gas has been declining, both Canada and Mexico have the potential to develop growing supplies both for their own direct use and for export. These two countries, however, have distinct approaches to the development of energy and other natural resources that must be taken into account in the process of mapping the best path forward for North America.

Canada is committed to efficient energy markets, open investment, and free trade in this sector. Canada's vast oilsands, once a high-cost experimental means of extracting oil, now provide a viable new source of energy that is attracting a steady stream of multibillion dollar investments and interest from countries such as China, and they have catapulted Canada into second place in the world in terms of proved oil reserves. Production from oilsands fields is projected to reach 2 million barrels per day by 2010. The most serious constraints on additional growth are the limited supply of skilled people and the shortage of infrastructure, including housing, transportation links, and pipeline capacity. Another constraint is regulatory approval processes that can slow down both resource and infrastructure development significantly.

Mexico is also a major energy supplier and customer within North America. In 2004, it was the second-largest exporter of oil to the United States; in previous years, it was consistently among the top four suppliers. Mexico relies for a significant share of its revenues on the state oil producer (Pemex). It has major oil and gas reserves, but these are relatively untapped. Development has been hampered by constitutional restrictions on ownership, which are driven by an understandable desire to see this strategic asset used for the benefit of Mexicans. This restriction on investment, coupled with the inefficient management of the state monopoly, Pemex, has contributed to low productivity. As a result,

Mexico has expensive and unreliable supplies of energy for its consumers and industries. Mexico has begun to bring in some foreign capital through multiple service contracts, but the most serious constraints on its future growth as an energy supplier are the restrictions that impede development of its own energy resources and the low productivity of Pemex. Reforms in this area are needed urgently.

Although energy security represents perhaps the most critical challenge, it is important to recognize that trade in other natural resources, including metals, minerals, wood, and other products, is also central to the growth and economic security of North America. In these other resource sectors, NAFTA has not succeeded in ensuring a free flow of goods. Resource and agricultural products such as softwood lumber, fish, beef, wheat, and sugar have been the flashpoints for highly visible trade disputes. The softwood lumber case has led some Canadians to question whether the United States will comply with NAFTA if decisions by the dispute-settlement mechanism run counter to private American interests. The United States and Mexico have failed to comply with free trade provisions on movement of trucks for more than a decade, and the failure to resolve the softwood lumber case between Canada and the United States has plagued their trade relations for the past quarter century. Changing some trade rules and the dispute-settlement process may reduce this friction, as would a determined effort to reduce unnecessary regulatory differences within North America.

North America is blessed with an abundant resource base. Exploiting these resources on a long-term, sustainable basis requires that the three governments work together to resolve issues and ensure responsible use of scarce resources and the free flow of both resources and capital across all three borders. As noted, the most troubled areas of cross-border trade over the past twenty years have been in resource trade, largely because of the impact of regulatory differences, including different approaches to resource pricing and income protection. Efforts to eliminate these problems on the basis of dispute-settlement mechanisms have not worked as well as anticipated.

WHAT WE SHOULD DO NOW

- **Develop a North American energy strategy.** Recognizing their individual policies and priorities, the three governments need to work together to ensure energy security for people in all three countries. Issues to be addressed include the expansion and protection of the North American energy infrastructure; development opportunities and regulatory barriers; and the technological and human capital constraints on accelerated development of energy resources within North America. These objectives form part of the agenda of the North American Energy Working Group established in 2001 by the leaders of the three countries and emphasized in their 2005 summit meeting. This initiative, however, has so far made only modest progress toward developing a North American strategy, and it does not cover oil.

- **Fully develop Mexican energy resources.** Although the inclination of Mexico to retain full ownership of its strategic resources is understandable, expanded and more efficient development of these resources is needed to accelerate Mexico's economic growth. Mexico is quickly losing ground in its energy independence, and the only way to satisfy growing demands within Mexico is to find ways to unlock its energy sector. Progress can be made even under the existing constitutional constraints. As discussed above, Canada and the United States could make important contributions in this effort through the development of creative mechanisms, especially financial, that bring needed technology and capital to Mexico. The most important steps, however, must be taken in Mexico by Mexicans.

- **Conclude a North American resource accord.** In order to ensure the fullest development of North America's mineral, forest, and agricultural resources, investors in one country need to be confident that they will not be harassed by competitors in another. To that end, the three governments need to conclude an accord that recognizes the balance between security of supply and security of access and includes rules about resource pricing that will reduce the friction that has given rise to some of the most persistent and difficult bilateral irritants. A resource accord should also address the remaining barriers to trade in agricultural products, including barriers that arise from the different regimes in the three countries, to guarantee prices and incomes.

- **Make a North American commitment to a cleaner environment.** Expanding energy production as a driver of a more competitive and growing North American economy brings with it a joint responsibility for shaping a cleaner environment and reducing pollution. For example, Canada has signed the Kyoto Protocol on global climate change, which requires significant reductions in emissions of greenhouse gases, but that agreement does not cover Mexico, and Washington has opted out. A North American energy and emissions regime could offer a regional alternative to Kyoto that includes all three countries. Such a regime should include a tradable voucher system for emissions trading within the region analogous to the Clean Development Mechanism.

- **Expand trinational collaboration on conservation and innovation.** The development of new technologies and conservation strategies is essential both to reduce pollution and to make the most of North America's resource strengths. Currently, the North American Energy Working Group addresses only a limited number of energy-related opportunities for collaboration. Future initiatives should focus on development of desalination technologies, alternative energy sources, cleaner burning fuels, and more fuel-efficient passenger vehicles.

② Creating a North American Economic Space

The signing of NAFTA ushered in a new era of expanded opportunities for trade and investment across North America. The Canada-United States Free Trade Agreement was the foundation stone for NAFTA, providing the concept, framework, and substance for the subsequent trilateral agreement. NAFTA eliminated, not merely reduced, tariffs on all industrial goods and in most cases did so in less than a decade. It guaranteed unrestricted agricultural trade within fifteen years between Mexico and the United States—the first trade agreement to remove all such barriers. It opened trade across a broad range of services and provided the highest standard of protection in the world for intellectual property. It set clear rules to protect investors and created a framework that encourages transparency, respect for property, and adherence to the rule of law.

Since this agreement entered into force, trade among the three countries has more than doubled in value, and intraregional investment has grown even faster. Mexico's exports have climbed more than 250 percent, and Canada's have more than doubled. Canada, by itself, has become the largest customer of thirty-nine American states. Mexico is the first or second largest customer of twenty-two states, and the second largest overall. North America is now the largest free trade area in the world.

NAFTA allowed duty-free access within the region, but because of different rates charged by each country on imports from other countries, it required cumbersome proof of North American origin in order to qualify for NAFTA access. These rules can raise transaction costs to the point that some shippers choose to pay the multilateral tariff rate instead. In addition, although the dispute-resolution mechanisms provided by NAFTA have proven a reliable means for resolving most trade disputes, they have been incapable of dealing with important and controversial problems regarding softwood lumber, sugar, and a few other products.

In short, important work remains to be done in creating a common economic zone through the elimination of remaining tariff and nontariff barriers to trade within North America. The three countries must also expand cooperation on trade-related areas, including border and transportation infrastructure; a concerted effort to reduce the many regulatory gaps and inconsistencies that hamper the flow of trade in North America; and coordinated investment in North America's human capital, both through education and training, and through improved labor mobility within the continent.

North American governments have taken the innovative step of creating the North American Steel and Trade Committee (NASTC). The NASTC is based on government-industry cooperation and focused on developing common positions to address the common challenges faced by the North American steel industry. It reflects the high degree of cooperation among governments and industry; the substantial benefits that come from common and coordinated North American-wide positions in matters affecting international steel trade; recognition that developments in one market affect the steel markets in NAFTA partner countries; and the belief that economic success is best served by working together. The NASTC has been effective in establishing common NAFTA government and industry positions in international trade negotiations. The NASTC also serves to ensure common government-industry understanding of steel market developments, including developments in other countries that could affect North American markets, and to coordinate NAFTA governments and industry actions on matters of common concern. The close, cooperative working relationships among the North American steel industries, and between the industries and governments, provides a model for other sectors.

To create a North American economic space that provides new opportunities for individuals in all three countries, the Task Force makes the following recommendations aimed at establishing a seamless North American market, adopting a North American approach to regulation, increasing labor mobility, and enhancing support for North American education programs.

Establish a Seamless North American Market for Trade

With tariff barriers virtually eliminated, and the outlines of a North American economy visible, the time has come to take a more comprehensive approach to strengthening the economic prospects for citizens in all three countries. The first step is to encourage convergence in the most-favored-nation tariff rates each partner charges on imports from outside North America. Next, the governments should reduce the remaining nontariff barriers to the flow of goods and services, and address problems arising from charges of price discrimination and subsidization by competitors in North America. Finally, they should coordinate their approach to unfair trade practices by foreign suppliers to the North American market. The ultimate goal should be to create a seamless market for suppliers and consumers throughout North America.

The specific recommendations set out below will require that the three governments move beyond the confines of current legislative and regulatory frameworks and tackle the remaining elements of the free trade project to which they committed in the FTA and NAFTA. It will also mean that they will have to deal creatively with difficult issues such as different approaches to trade with third countries and the conflicting patterns of free trade agreements negotiated over the past decade. Modern technologies and deepening patterns of industrial production make it both possible and rewarding to explore this next stage of facilitating free trade.

These goals will not only deepen and strengthen the economy in North America, they should also enhance the region's security. If border officials do not need to inspect the origins of the products crossing the border and worry less about other routine customs matters, they will be able to concentrate more resources on preventing the dangerous or illicit entry of people and goods from beyond North America.

WHAT WE SHOULD DO NOW

- **Adopt a common external tariff.** We recommend that the three governments harmonize external tariffs on a sector-by-sector basis, to the lowest prevailing rate consistent with multilateral obligations. The effort should begin with goods on which current tariff rates are closest and then proceed to close larger gaps, with the goal of adopting a common external tariff, thus eliminating the need for rules of origin and further facilitating integration and better use of scarce resources.

- **Review those sectors of NAFTA that were excluded or those aspects that have not been fully implemented.** Each of the three countries decided to exclude unilaterally certain sectors and issues from NAFTA. Some of these remain sensitive issues; others may be ripe for review. In addition, several elements have not been implemented in the way that all had anticipated. Some changes— for example, the negotiation of a sanitary agreement to promote agricultural trade, or expanding the NAFTA services agreement to include cabotage—would be useful but also difficult. We recommend a high-level review to examine all of these issues and make recommendations on how to make the coverage of NAFTA more comprehensive.

- **Establish a permanent tribunal for North American dispute resolution.** The current NAFTA dispute-resolution process is founded on ad hoc panels that are not capable of building institutional memory or establishing precedent, may be subject to conflicts of interest, and are appointed by authorities who may have an incentive to delay a given proceeding. As demonstrated by the efficiency of the World Trade Organization (WTO) appeal process, a permanent tribunal would likely encourage faster, more consistent, and more predictable resolution of disputes. In addition, there is a need to review the workings of NAFTA's dispute-settlement mechanism to make it more efficient, transparent, and effective.

- **Establish a joint approach to unfair trade practices.** The use of countervailing and anti-dumping duties by one North American country against another has generated considerable ill will, though there has been a steady decline in the use of these trade remedies; there have been few new cases in the industrial sectors, with the most difficult cases now limited to resource and agricultural trade. The time has come to adopt a unified approach to deal with the internal and the external challenge of unfair trade practices, beginning with phased suspensions in sectors of laws governing unfair trade practices.

WHAT WE SHOULD DO BY 2010

- **Establish a trinational competition commission.** Once the three governments have concluded the resource accord described above and phased in the suspension of antidumping and countervailing duty proceedings for all sectors, they should also establish a trinational commission—a continental anti-trust agency—to address harmful subsidy practices, to promote healthy competition, and to protect against predatory pricing. At the same time, they should develop shared standards for identifying and responding collectively to unfair trade practices by parties outside North America.

Adopt a North American Approach to Regulation

Significant regulatory differences continue to divide the North American economic space. As other barriers to trade, such as tariffs, fall worldwide, regulatory efficiency is becoming increasingly important as a source of competitive advantage. Canada, the United States, and Mexico each have developed rules to protect their environment and the well-being of their citizens. All three share the same broad objectives, but their actual rules have evolved largely in isolation. In many cases, the result is what has been labeled "the tyranny of small differences," one that imposes large economic costs even when regulatory goals, processes, standards, and outcomes are quite similar.

The most obvious costs of unnecessary regulatory differences are borne by businesses and consumers. Rules that fragment the North American market reduce economies of scale and discourage specialization, competition, and innovation. Harmonization of regulation, in effect, creates a bigger market, one that would lead to more competitive exports and lower consumer prices across North America.

In addition to raising compliance costs for businesses and their customers, fragmented regulation increases the administrative costs to governments and taxpayers. Regulators in Canada and Mexico each must try to achieve the same results as their counterparts in the United States and yet must do so with only a fraction of the resources. Furthermore, because much of the resulting administrative work is carried out at border points, regulatory differences are particularly damaging in their impact on border delays and congestion, as the volume of trade within North America exceeds the capacity of its border infrastructure.

Finally, regulatory differences can have a negative impact on the very environmental and health outcomes the regulations themselves are supposed to encourage. Unnecessary delays in the approval for sale and distribution of innovative products can prevent timely access to new pharmaceuticals or medical technology that might save lives, or to new fertilizers or chemicals that could help industrial plants and farmers do a better job of protecting the environment.

A collaborative approach to regulatory reform could help all three countries expand economic opportunity within North America while strengthening the protection of the environment, health and safety, and other shared objectives of regulatory policy. While each country must retain its right to impose and maintain unique regulations consonant with its national priorities and income level, the three countries should make a concerted effort to encourage regulatory convergence.

The three leaders highlighted the importance of addressing this issue at their March 2005 summit in Texas. The Security and Prosperity Partnership for North America they signed recognizes the need for a stronger focus on building the economic strength of the continent in addition to ensuring its security. To this end, it emphasizes regulatory issues. Officials in all three countries have formed a series of working groups under designated lead cabinet ministers. These working groups have been ordered to produce an action plan for approval by the leaders within ninety days, by late June 2005, and to report regularly thereafter.

We welcome the initiative of the three leaders and urge them to give this issue the resources and attention that it deserves. Our own research and discussion underlined the extent to which progress in developing a North American regulatory approach is key to addressing problems of border infrastructure, creating a seamless North American market, resolving resource trade issues, and building mutual confidence as security partners. In order to demonstrate the benefits of developing a North American regulatory approach, we offer three recommendations for early action:

WHAT WE SHOULD DO NOW

- **Ensure rapid implementation of the North American regulatory action plan.** Businesses and other stakeholders must work closely with governments in all three countries to identify opportunities for early action in individual sectors and longer-term process issues whose resolution could have a major impact in improving North American competitiveness and enhancing the protection of people and the environment. To speed the process, governments in all three countries should place early emphasis on quantifying both the costs associated with regulatory differences and the potential benefits that would be achieved through various forms of regulatory convergence, including harmonization at the highest prevailing standard, mutual recognition, reciprocal recognition (in the area of licensing), interoperability, collaborative development of new standards, and unilateral adoption of another country's rules.

- **Agree on priority sectors for early action.** While all sectors of the economy will offer opportunities for greater regulatory convergence as the development gap closes, early action is needed in sectors where current costs are large and in sectors that have key roles in facilitating economic integration. The Task Force sees three sectors as immediate priorities in the context of increasing North American competitiveness:

○ **Open skies and open roads.** The efficiency of the transportation network is critical to making North America a more competitive place to invest and to produce, and in spreading the benefits of economic growth to all corners of the continent. Among other regulatory reforms, governments should consider the benefits of allowing North American transportation firms unlimited access to each others' territory, including provision for full cabotage (trade between two points within a country; for example, a Canadian trucker hauling freight from Chicago to Los Angeles or an American airline carrying passengers between Mexico City and Monterrey) for airlines and surface carriers.

○ **"Tested once" for biotechnology and pharmaceuticals.** The cost and quality of health care is a critical issue in all three countries. Biotechnology and pharmaceuticals play a vital role in providing new treatments that improve health outcomes and often reduce costs as well, but they face huge costs in developing and then winning regulatory approval for new products. Preliminary research suggests that regulatory cooperation in the areas of human and veterinary drugs, medical devices, pest control, and chemicals would raise the value of sales in these sectors by more than 10 percent, profits by 8 percent, and the rate of return on new products by an average of 4.8 percent. Two possible approaches to reducing the regulatory burden while maintaining rigorous standards to protect health and safety would be to adopt a "tested once" principle by which a product tested in one country would meet the standards set by another, or to establish a North America testing center with personnel from each country.

○ **Integrating protection of food, health, and the environment.** The North American market for agricultural and food products is highly integrated, and the intense disruption of this market by just two cases of mad cow disease demonstrates the need to ensure that regulatory processes are as integrated as their relevant markets. Greater North American cooperation also is essential in providing effective responses to threats to human and animal health and to the environment.

- **Make a North American standard the default approach to new regulation.** While pursuing an aggressive effort to eliminate existing regulatory differences as quickly as possible, it also is important for regulators to consider the North American dimension as they draft new rules going forward. To this end, the Security and Prosperity Partnership framework should be used to establish a new mechanism to enable greater collaboration and consultation among the three countries at all levels of government as new rules are developed and adopted. Each jurisdiction would retain the sovereign right to shape rules within its borders, but in principle, country-specific regulations should only be adopted when no international or North American approach already exists, where there are unique national circumstances or priorities, or where there is a well-founded lack of trust in the regulatory practices of the other partners. The new trinational mechanism also should be charged with identifying joint means of ensuring consistent enforcement of new rules as they are developed.

Increase Labor Mobility within North America

People are North America's greatest asset. Goods and services cross borders easily; ensuring the legal transit of North American workers has been more difficult. Experience with the NAFTA visa system suggests that its procedures need to be simplified, and such visas should be made available to a wider range of occupations and to additional categories of individuals such as students, professors, bona fide frequent visitors, and retirees.

To make the most of the impressive pool of skill and talent within North America, the three countries should look beyond the NAFTA visa system. The large volume of undocumented migrants from Mexico within the United States is an urgent matter for those two countries to address. A long-term goal should be to create a "North American preference"—new rules that would make it much easier for employees to move and for employers to recruit across national boundaries within the continent. This would enhance North American competitiveness, increase productivity, contribute to Mexico's development, and address one of the main outstanding issues on the Mexican-U.S. bilateral agenda.

Canada and the United States should consider eliminating restrictions on labor mobility altogether and work toward solutions that, in the long run, could enable the extension of full labor mobility to Mexico as well.

WHAT WE SHOULD DO NOW

- **Expand temporary migrant worker programs.** Canada and the United States should expand programs for temporary labor migration from Mexico. For instance, Canada's successful model for managing seasonal migration in the agricultural sector should be expanded to other sectors where Canadian producers face a shortage of workers and Mexico may have a surplus of workers with appropriate skills. Canadian and U.S. retirees living in Mexico should be granted working permits in certain fields, for instance as English teachers.

- **Implement the Social Security Totalization Agreement negotiated between the United States and Mexico.** This agreement would recognize payroll contributions to each other's systems, thus preventing double taxation.

WHAT WE SHOULD DO BY 2010

- **Create a "North American preference."** Canada, the United States, and Mexico should agree on streamlined immigration and labor mobility rules that enable citizens of all three countries to work elsewhere in North America with far fewer restrictions than immigrants from other countries. This new system should be both broader and simpler than the current system of NAFTA visas. Special immigration status should be given to teachers, faculty, and students in the region.

- **Move to full labor mobility between Canada and the United States.** To make companies based in North America as competitive as possible in the global economy, Canada and the United States should consider eliminating all remaining barriers to the ability of their citizens to live and work in the other country. This free flow of people would offer an important advantage to employers in both countries by giving them rapid access to a larger pool of skilled labor, and would enhance the well-being of individuals in both countries by enabling them to move quickly to where their skills are needed. In the long term, the two countries should work to extend this policy to Mexico as well, though doing so will not be practical until wage differentials between Mexico and its two North American neighbors have diminished considerably.

- **Mutual recognition of professional standards and degrees.** Professional associations in each of the three countries make decisions on the standards to accept professionals from other countries. But despite the fact that NAFTA already encourages the mutual recognition of professional degrees, little has actually been done. The three governments should devote more resources to leading and creating incentives that would encourage the professional associations of each of the three countries to develop shared standards that would facilitate short-term professional labor mobility within North America.

Support a North American Education Program

Given their historical, cultural, geographic, political, and economic ties, the countries of North America should have the largest and most vibrant educational exchange network in the world. Currently, we do not.

Despite the fact that Mexico is the second-largest trading partner of the United States, it ranks only seventh in sending students there. In 2004, only 13,000 Mexican undergraduate and graduate students attended U.S. universities. Similarly, Canada is the largest trading partner of the United States but ranked only fifth in educational exchanges, with 27,000 students in the United States compared to 80,000 students from India, followed by China, South Korea, and Japan. The number of Mexicans studying in Canada remains very low—about 1,000. And although American students study all over the world, relatively few go to Mexico and Canada. These numbers should be expanded dramatically to deepen familiarity and increase knowledge in each country.

WHAT WE SHOULD DO NOW

- **Create a major scholarship fund for undergraduate and graduate students to study in the other North American countries and to learn the region's three languages.** For many students, study abroad is possible only with financial assistance, but many scholarships, including the Fund for the Improvement of Post-Secondary Education (FIPSE), which has supported scholarships to and from all three North American countries, have been reduced or halted. Cross-border educational study within North America by Canadians, Americans, and Mexicans should expand to reflect the degree of our commercial exchanges. To illustrate the scale of this proposal, it would lead to some 60,000 Mexican students studying in the United States and Canada, and comparable numbers of Canadian and American students studying in another North American country. We urge that state, provincial, and federal governments begin funding such scholarships now. One possible approach would be to expand existing Fulbright programs. The scholarships should include "language immersion" courses in each of the three countries, in Spanish, French, and English, and should encourage students to study in all three countries.

- **Develop a network of centers for North American studies.** The European Union (EU) provides substantial funding for EU centers in fifteen universities in the United States, as well as twelve Jean Monnet Chairs. The U.S. Department of Education provides similar grants to support language and international studies outside North America, but not within North America. That should change.

   We recommend that the three governments open a competition and provide grants to universities in each of the three countries to promote courses, education, and research on North America and assist elementary and secondary schools in teaching about North America. They could also administer scholarship programs. To support this effort, a student summit should be held periodically in each of the three countries.

- **Promote Internet-based learning within North America.** A natural way to channel communication between Canada, the United

States, and Mexico would be through Internet-based learning tools. Current examples include the Historica Foundation's YouthLinks program in Canada, which enables high-school students to connect with their counterparts in other regions of Canada and around the world, and the School Connectivity Program (SCP) launched by the U.S. Department of State, which installs computers with Internet access in schools across nations that lack access to computer technology. The SCP program should be extended to Mexico and Canada.

- **Develop teacher exchange and training programs for elementary and secondary school teachers.** This would assist in removing language barriers and give some students a greater sense of a North American identity. Greater efforts should also be made to recruit Mexican language teachers to teach Spanish in the United States and Canada.

- **Develop "sister school" and student exchange programs.** Studying or living in another country or hosting a foreign-exchange student fosters cultural understanding. We recommend that states and municipalities encourage the development of "sister school" programs at both the secondary and university levels to include the annual exchange of students between participating schools.

- **Encourage imaginative ways to build North American connections.** Foundations and research institutes can shape the way public and private institutions engage in a new concept such as a North American community. We encourage foundations and research institutes to provide support and research for addressing continental issues and developing curricula that would permit citizens of our three countries to look at each other in different ways than in the past.

③ From Vision to Action: Institutions to Guide Trinational Relations

Effective progress will require new institutional structures and arrangements to drive the agenda and manage the deeper relationships that result.

Canada, the United States, and Mexico already share a rich network of institutional links. A recent Canadian government study identified

343 formal treaties and thousands of informal arrangements or "light institutions" with the United States alone. Mexico has more than 200 formal treaties and agreements with the United States. There are many fewer arrangements between Canada and Mexico, but the network of contacts is still substantial and growing.

What is needed now is a limited number of new institutions to provide existing arrangements with greater energy and direction. To this end, the Task Force recommends the following institutional changes, which complement each other:

WHAT WE SHOULD DO NOW

- **An annual North American summit meeting.** There is no more succinct or forceful way to demonstrate to the people of all three countries the importance of the North American partnership than to have the Mexican and American presidents and the Canadian prime minister meet at least once a year.

- **Strengthen government structures.** To ensure that the summit meetings achieve their full potential, each government must take steps to reinforce the ability of its internal structures to deal effectively and imaginatively with North American issues. Steps should include strengthening links between governments, as the three leaders did at their March meeting in Texas, by establishing minister-led working groups that will be required to report back within ninety days, and to meet regularly.

- **A North American Advisory Council.** To ensure a regular injection of creative energy into the various efforts related to North American integration, the three governments should appoint an independent body of advisers. This body should be composed of eminent persons from outside government, appointed to staggered multiyear terms to ensure their independence. Their mandate would be to engage in creative exploration of new ideas from a North American perspective and to provide a public voice for North America. A complementary approach would be to establish private bodies that would meet regularly or annually to buttress North American relationships, along the lines of the Bilderberg or Wehrkunde conferences, organized to support transatlantic relations.

- **A North American Inter-Parliamentary Group.** The U.S. Congress plays a key role in American policy toward Canada and Mexico, and conducts annual meetings with counterparts in Mexico and in Canada. There is currently no North American program. Bilateral inter-parliamentary exchanges can suffer from limited participation, especially by the most influential legislators. The Task Force recommends that the bilateral meetings occur every other year and that the three North American partners form a trinational inter-parliamentary group to meet in the alternating year. The North American Advisory Council could provide an agenda and support for these meetings. To engage senior members of the parliaments, cabinet members could participate when the agenda matched their area of responsibility.

Conclusion

The global challenges faced by North America cannot be met solely through unilateral or bilateral efforts or existing patterns of cooperation. They require deepened cooperation based on the principle, affirmed in the March 2005 joint statement by Canada, Mexico, and the United States, that "our security and prosperity are mutually dependent and complementary."

Establishment by 2010 of a security and economic community for North America is an ambitious but achievable goal that is consistent with this principle and, more important, buttresses the goals and values of the citizens of North America, who share a desire for safe and secure societies, economic opportunity and prosperity, and strong democratic institutions.

Additional and Dissenting Views

There is much in this report that should command support, especially the goal of a North American community that includes a fully developed Mexico. I was particularly honored that the Task Force asked me to prepare a paper on education, most of which was endorsed. But there are some key points on which I dissent. States sometimes give up individual sovereignty in favor of a common or joint approach because that is the best way to solve a problem. But, in the trade-offs the benefits must outweigh the costs. I am not persuaded that the benefits of a common security perimeter are worth the risks in harmonizing visa and asylum regulations. Problems in the Arar case, for example, show the dangers. On the environment, the North Dakota water diversion project threatens its Manitoba neighbor and ignores the 1909 Water Boundaries Treaty. The commitment to a cleaner North American environment must be stronger and certainly cannot wait until 2010. Finally, I do not agree with reviewing those sections of NAFTA that were initially excluded: cultural protection and a prohibition of bulk water exports should remain within national, not joint, jurisdiction.

Thomas S. Axworthy

I support the Task Force report and its recommendations aimed at building a safer and more prosperous North America. Economic prosperity and a world safe from terrorism and other security threats are no doubt inextricably linked. While governments play an invaluable

33

role in both regards, we must emphasize the imperative that economic investment be led and perpetuated by the private sector. There is no force proven like the market for aligning incentives, sourcing capital, and producing results like financial markets and profit-making businesses. This is simply necessary to sustain a higher living standard for the poorest among us—truly the measure of our success. As such, investment funds and financing mechanisms should be deemed attractive instruments by those committing the capital and should only be developed in conjunction with market participants.

Heidi S. Cruz

For worthy reasons of organization, one of the most important recommendations in the Task Force report appears in the final pages: the call for an annual summit of North American leaders. I write separately to highlight the importance of this recommendation.

An annual summit of North American leaders would do more to carry out our overall goal of creating a North American community than virtually any of the report's other recommendations. As we have seen with the annual Group of Seven/Eight (G-7/8) and Asia-Pacific Economic Cooperation (APEC) summits, regular meetings of leaders not only help promote a sense of community and shared objectives, but channel the various bureaucracies each year to work on those common objectives. Whether on matters of security, education, or economic integration and development, annual summits will drive a process that will hasten the goals that we outline in our report. More to the point, an annual summit can be announced and implemented right away, giving tangible impetus to the good beginning made at the March 2005 summit and to the goals we promote here.

Nelson W. Cunningham
joined by
Wendy K. Dobson

The Task Force has done an excellent job putting together a superb report; however, I would like to add two clarifications:

The report should call for Canada, Mexico, and the United States to have a common most-favored-nation import tariff and not a common external tariff. Each of the countries has negotiated a large network of free trade agreements that make it impossible to have a common external tariff. I would happily endorse as an objective the only common external tariff possible: zero duties for all goods on a most-favored-nation basis.

I understand the desire to have a permanent tribunal for dispute resolution, but it is unnecessary for trade disputes. Rather, I support the Task Force call for an improvement of NAFTA's dispute resolution mechanism to avoid the current interference on panelist selection for political reasons.

Luis de la Calle Pardo

I support the consensus recommendations contained within this Task Force report. If implemented, the recommendations would improve the prosperity and the security of the three countries. I note that the report's economic recommendations are considerably more extensive than its security recommendations. While this imbalance is understandable given the consensus nature of the report, I believe the three countries should intensify their cooperation across an even broader range of national and homeland security issues, including: law enforcement; intelligence; transportation security; critical infrastructure protection; defense against biological, chemical, radiological, nuclear, and ballistic missile threats; and incident management. As the three governments consider this report and reflect on how best to proceed toward a more secure and prosperous North America, I urge a tight linkage between implementation of the economic agenda described herein and implementation of an intensified security agenda. Because the United States has relatively less to gain from trilateral economic reform, and relatively more to gain from trilateral security reform, the U.S. government in particular should insist on no less than parity between the economic and security agendas.

Richard A. Falkenrath

I concur with Richard Falkenrath's emphasis on the importance of the linkage between economic and security matters.

Allan Gotlieb

North American integration must work for the average citizen. When adequate public policies are in place to foster economic and social cohesion, increased trade and investment flows will only improve the living standard of the majority of the population.

Economic and social cohesion in Mexico is in the interest of North American integration, because it will result in an expansion of the domestic market and it will reduce the flows of undocumented northward migration, thus enhancing security in Mexico, the United States, and Canada.

Reforms to reduce poverty and inequality in Mexico must start from within. Mexico must focus on achieving universal primary education; promoting gender equality and empowering women; building integrated infrastructure networks and water and sanitation facilities; applying science, technology, and innovation for development; and promoting environmental sustainability. As many Mexicans have claimed, building up the tax revenue base, along with beefing up the country's antitrust agency and its regulatory capacity, are essential to increase competitiveness. The government needs to build the infrastructure—human, physical, and institutional—for ordinary people to take advantage of North American integration.

Economic and social citizenship in North America implies the ability of citizens to exert pressure for the implementation of an inclusive economic policy at home and to be engaged in the international economy. To the extent that citizens of the three partner countries see that North American integration brings concrete benefits, a new constituency will be galvanized to support these efforts in the years to come.

Carlos Heredia

This Task Force report is well done and highly constructive, offering a number of important and valuable suggestions that will strengthen prosperity, security, and good governance throughout the region. I have differences regarding timing relative to two of its recommendations.

First, with respect to a North American Investment Fund that the Task Force recommends be established *now* as a means to improve Mexico's infrastructure and education, I believe that we should create the fund only *after* Mexico has adopted the policies recommended by the Task Force as necessary to improve Mexico's economic development. Any development fund should reinforce efforts that Mexico undertakes to further its own economic development and should not be established in advance of those efforts.

Second, although I strongly support the recommendation that the three governments coordinate their approach regarding unfair trade practices, I would appoint the recommended Trinational Competition Commission *now* (not in 2010) and assign to it the responsibility of deciding how best to achieve a unified approach to unfair trade, externally and internally. Phased suspensions constitute one approach, but the commission will also need to consider rules to apply in the event that subsidies are granted by a government outside North America or by a local, state, or central government inside North America.

Carla A. Hills
joined by
Wendy K. Dobson,
Allan Gotlieb,
Gary C. Hufbauer, and
Jeffrey J. Schott

This report attempts to make recommendations that are both pragmatic for and implementable by the parties. As institutions are addressed, the first pragmatic step to be taken is to use, support, and energize existing institutions. The North American Commission on Environmental Cooperation is such a body. Broadly mandated on trade and environmental issues, it provides for original public participation means and mechanisms. It should get better attention from the three governments as well as more serious financial support.

Pierre Marc Johnson

I strongly endorse the Task Force's findings, and I agree with most of the specific recommendations contained in this report. At the same time, I am concerned that the report pays too little attention to how the costs of regional integration might be alleviated and how the benefits of integration might be more equitably distributed. As a result, the Task Force appears to be proposing a form of integration that will generate large numbers of losers as well as winners.

For instance, the report does not mention the need for compensatory or remedial social policies by any of the three governments, especially Canada and the United States. Much less does it suggest any trinational mechanism to assist those harmed by economic integration. Instead, the report appears to accept the assumption that economic integration always benefits average people. This assumption must be tempered by an understanding of how integration often plays out in the real world. For instance, there are economies of scale in international trade, which advantage large firms over smaller producers. In this context, policies to assist small business–among other remedial measures–deserve greater consideration.

The community advocated by the Task Force has much to recommend it, but it is not the only North American community that could be created. Ultimately, the appeal and success of regional integration will depend on how well a deeper North American partnership actually serves the interests of average citizens in all three countries.

Chappell H. Lawson

I endorse the Task Force report with the exception of the sections on migration and security. With regard to energy, I believe that any discussion of this topic must take into account the sovereign right of each nation to define its own strategy.

Beatriz Paredes

This report articulates a vision and offers specific ideas for deepening North American integration. I endorse it with enthusiasm, but would add two ideas to galvanize the effort and secure its implementation: a customs union and U.S. government reorganization.

The report recommends that the three governments negotiate a common external tariff on a sector-by-sector basis, but some sectors will prevent closure, leaving untouched the cumbersome rules of origin. Paradoxically, but as occurred with NAFTA, a bolder goal is more likely to succeed than a timid one. We should negotiate a customs union within five years. That alone will eliminate rules of origin. This will not be easy, but it will not be harder than NAFTA, and mobilizing support for a customs union will invigorate the entire North American project.

North American integration has subtly created a domestic agenda that is continental in scope. The U.S. government is not organized to address this agenda imaginatively. Facing difficult trade-offs between private and North American interests, we tend to choose the private, parochial option. This explains the frustration of Canada and Mexico. To remedy this chronic problem, President Bush should appoint a special assistant on North American Affairs to chair a Cabinet committee to recommend ways to breathe life into a North American community. A presidential directive should support this by instructing the Cabinet to give preference to North America.

Robert A. Pastor

Task Force Members

Pedro Aspe is Chief Executive Officer of Protego, a leading investment banking advisory firm in Mexico. Mr. Aspe was most recently the Secretary of the Treasury of Mexico (1988–94). He has been a Professor of Economics at Instituto Tecnológico Autónomo de México (ITAM) and has held a number of positions in the Mexican government.

Thomas S. Axworthy* is the Chairman of the Centre for the Study of Democracy at Queen's University. From 1981 to 1984, Dr. Axworthy was Principal Secretary to the Prime Minister of Canada, Pierre Trudeau. Since 2001, he has served as Chairman of the Asia Pacific Foundation of Canada.

Heidi S. Cruz* is an energy investment banker with Merrill Lynch in Houston, Texas. She served in the Bush White House under Dr. Condoleezza Rice as the Economic Director for the Western Hemisphere at the National Security Council, as the Director of the Latin America Office at the U.S. Treasury Department, and as Special Assistant to Ambassador Robert B. Zoellick, U.S. Trade Representative. Prior to government service, Ms. Cruz was an investment banker with J.P. Morgan in New York City.

Note: Task Force members participate in their individual and not institutional capacities.

*The individual has endorsed the report and submitted an additional or a dissenting view.

Nelson W. Cunningham* is Managing Partner of Kissinger McLarty Associates, the international strategic advisory firm. He advised John Kerry's 2004 presidential campaign on international economic and foreign policy issues, and previously served in the Clinton White House as Special Adviser to the President for Western Hemisphere Affairs. He earlier served as a lawyer at the White House, as Senate Judiciary Committee General Counsel under then-chairman Joseph Biden, and as a federal prosecutor in New York.

Thomas P. d'Aquino is Chief Executive of the Canadian Council of Chief Executives (CCCE), composed of 150 chief executives of major enterprises in Canada. A lawyer, entrepreneur, and business strategist, he has served as Special Assistant to the Prime Minister of Canada and Adjunct Professor of Law lecturing on the law of international trade. He is the Chairman of the CCCE's North American Security and Prosperity Initiative launched in 2003.

Alfonso de Angoitia is Executive Vice President and Chairman of the Finance Committee of Grupo Televisa, S.A. In addition, he has been a member of the Board of Directors and of the Executive Committee of the company since 1997, and served as Chief Financial Officer (1999–2003). Prior to joining Grupo Televisa, S.A., he was a partner of the law firm of Mijares, Angoitia, Cortés y Fuentes, S.C., in Mexico City.

Luis de la Calle Pardo* is Managing Director and founding partner at De la Calle, Madrazo, Mancera, S.C. He served as Undersecretary for International Trade Negotiations in Mexico's Ministry of the Economy and negotiated several of Mexico's bilateral free trade agreements and regional and multilateral agreements with the World Trade Organization. As Trade and NAFTA Minister at the Mexican Embassy in Washington, DC, he was instrumental in crafting and implementing the North American Free Trade Agreement.

Wendy K. Dobson* is Professor and Director, Institute for International Business, Rotman School of Management, University of Toronto. She has served as President of the C.D. Howe Institute and Associate Deputy Minister of Finance in the government of Canada. She is Vice Chair of the Canadian Public Accountability Board and a nonexecutive director of several corporations.

Richard A. Falkenrath* is Visiting Fellow at the Brookings Institution. Previously, he served as Deputy Homeland Security Adviser and Special Assistant to the President and Senior Director for Policy and Plans at the White House's Office of Homeland Security. He is also Senior Director of the Civitas Group LLC, a strategic advisory and investment services firm serving the homeland security market, a security analyst for the Cable News Network (CNN), and a member of the Business Advisory Board of Arxan Technologies.

Rafael Fernández de Castro is the founder and head of the Department of International Studies at the Instituto Tecnológico Autónomo de México (ITAM). Dr. Fernández de Castro is the editor of *Foreign Affairs en Español*, the sister magazine of *Foreign Affairs*. He also has columns in *Reforma* and the weekly magazine *Proceso*.

Ramón Alberto Garza is President and General Director of Montemedia, a consulting firm specializing in media, public image, entrepreneur relations, and politics in the Americas. He was the founding executive editor of *Reforma* and President of Editorial Televisa.

Gordon D. Giffin is Senior Partner at McKenna Long & Aldridge LLP, and served as U.S. Ambassador to Canada (1997–2001). He also spent five years as Chief Counsel and Legislative Director to U.S. Senator Sam Nunn. He currently serves on several major corporate boards, as well as the Board of Trustees of the Carter Center, in addition to his international law practice.

Allan Gotlieb* was Canadian Ambassador to the United States, Undersecretary of State for External Affairs, and Chairman of the Canadian Council. He is currently a senior adviser to the law firm Stikeman Elliott LLP, and Chairman of Sotheby's Canada and the Donner

Foundation. He has also been a member of the board of a number of Canadian and U.S. corporations, taught at various universities in both countries, and written several books and articles on international law and international affairs.

Michael Hart holds the Simon Reisman Chair in trade policy in the Norman Paterson School of International Affairs at Carleton University in Ottawa. He is a former official in Canada's Department of Foreign Affairs and International Trade, founding director of Carleton's Centre for Trade Policy and Law, and the author of more than a dozen books and a hundred articles on Canadian trade and foreign policy.

Carlos Heredia* is Senior Adviser on International Affairs to Governor Lázaro Cárdenas-Batel of the State Michoacán. He has held senior positions in the Ministry of Finance and the Mexico City government. For over twenty years, he has worked with Mexican, Canadian, and U.S. nongovernmental organizations, promoting economic citizenship and participatory development. Since 2002, he has been Vice President of the Consejo Mexicano de Asuntos Internacionales (COMEXI).

Carla A. Hills* is Chairman and Chief Executive Officer of Hills & Company, an international consulting firm providing advice to U.S. businesses on investment, trade, and risk assessment issues abroad, particularly in emerging market economies. She also serves as Vice Chairman of the Council on Foreign Relations. From 1989 to 1993, Ambassador Hills served as U.S. Trade Representative in the first Bush administration, Secretary of the U.S. Department of Housing and Urban Development, and Assistant Attorney General, Civil Division, U.S. Department of Justice in the Ford administration.

Gary C. Hufbauer* was Director of Studies at the Council on Foreign Relations and holder of the Maurice Greenberg chair in 1997 and 1998. He then resumed his position as Reginald Jones Senior Fellow at the Institute for International Economics. Together with Jeffrey J. Schott, he is completing a new appraisal of NAFTA, to be published in fall 2005.

Pierre Marc Johnson*, a former Premier of Québec, attorney, and physician, has been Counsel to the law offices of Heenan Blaikie since 1996. He was a senior member of René Lévesque's cabinet (1976–85) and succeeded him. Since 1987, Mr. Johnson has been Professor of Law at McGill University and an adviser to the United Nations in international environmental negotiations. He has written numerous books and essays on trade and the environment, civil society participation, and globalization. He lectures in Canada, the United States, and Mexico, and serves on Canadian and European boards.

James R. Jones is Chief Executive Officer of Manatt Jones Global Strategies, a business consulting firm. Formerly, he was U.S. Ambassador to Mexico (1993–97); President of Warnaco International; Chairman and Chief Executive Order of the American Stock Exchange; and U.S. Congressman from Oklahoma (1973–87), where he was Chairman of the House Budget Committee. He was Appointments Secretary (currently known as Chief of Staff) to President Lyndon B. Johnson. He is Chairman of Meridian International and the World Affairs Councils of America, and is a board member of Anheuser-Busch, Grupo Modelo, Keyspan Energy Corporation, and the Kaiser Family Foundation.

Chappell H. Lawson*, Project Director of this Task Force, is an Associate Professor of political science at MIT, where he holds the Class of 1954 Career Development Chair. Before joining the MIT faculty, he served as Director for Inter-American Affairs on the National Security Council.

John P. Manley is Senior Counsel at McCarthy Tétrault LLP. He has held several senior portfolios in the Canadian government throughout his fifteen years of public service—including industry, foreign affairs, and finance—as well as holding the position of Deputy Prime Minister. Following 9/11, he was named Chairman of the Public Security and Anti-terrorism Cabinet Committee and, in that capacity, negotiated the Smart Border Agreement with U.S. Secretary for Homeland Security Thomas Ridge.

David McD. Mann, Q.C., is Counsel at Cox Hanson O'Reilly Matheson, an Atlantic-Canadian law firm. He is the former Vice Chairman and former President and Chief Executive Officer of Emera Inc., a diversified investor-owned energy and services company.

Doris M. Meissner is Senior Fellow at the Migration Policy Institute (MPI) in Washington, DC. She has worked in the field of immigration policy and international migration for 30 years in both government and policy research organizations. She served as a senior official in the U.S. Department of Justice during the Nixon, Ford, Carter, and Reagan administrations, and as a senior associate at the Carnegie Endowment for International Peace. She returned to government during the Clinton years as Commissioner of the U.S. Immigration and Naturalization Service (INS) from 1993–2000.

Thomas M.T. Niles is Vice Chairman of the United States Council for International Business (USCIB). He retired from the U.S. Foreign Service in September 1998, following a career of more than thirty-six years and having served as Ambassador to Canada (1985-89), Ambassador to the European Union (1989-91), Assistant Secretary of State for Europe and Canada (1991-93), and Ambassador to Greece (1993-97).

Beatriz Paredes* serves as President of the Fundación Colosio, A.C. Ms. Paredes is a former Ambassador of Mexico to the Republic of Cuba and former Governor of the State of Tlaxcala (1987–92). She was the first female Governor of that state and only the second woman ever to be elected Governor in Mexico. She is also a former Speaker of the House of Representatives.

Robert A. Pastor* is Director of the Center for North American Studies, Vice President of International Affairs, and Professor at American University. From 1977 to 1981, he was Director of Latin American Affairs on the National Security Council. He is the author or editor of sixteen books, including *Toward a North American Community: Lessons from the Old World to the New.*

Andrés Rozental is President of the Consejo Mexicano de Asuntos Internacionales. Mr. Rozental was a career diplomat for more than thirty years, having served his country as Ambassador to the United Kingdom (1995-97), Deputy Foreign Minister (1988-94), Ambassador to Sweden (1983-88), and Permanent Representative of Mexico to the United Nations in Geneva (1982-83). During 2001, he was Ambassador-at-Large and Special Envoy for President Vicente Fox.

Luis Rubio is President of the Centro de Investigación Para el Desarrollo-Center of Research for Development (CIDAC), an independent research institution devoted to the study of economic and political policy issues. Before joining CIDAC, in the 1970s he was Planning Director of Citibank in Mexico and served as an adviser to Mexico's Secretary of the Treasury. He is also a contributing editor of *Reforma*.

Jeffrey J. Schott* is Senior Fellow at the Institute for International Economics. He was formerly an official of the U.S. Treasury and U.S. trade negotiator, and has taught at Princeton and Georgetown Universities. He has authored or coauthored fifteen books on international trade, including *NAFTA: Achievements and Challenges; NAFTA: An Assessment; North American Free Trade*; and *The Canada-United States Free Trade Agreement: The Global Impact*.

William F. Weld is Principal at Leeds Weld & Co., a private equity investment firm in New York. Previously Mr. Weld was elected to two terms as Governor of Massachusetts (1991-97), served as Assistant U.S. Attorney General in charge of the Criminal Division of the U.S. Department of Justice in Washington, DC (1986-88), and as the U.S. Attorney for Massachusetts during the Reagan administration (1981-86).

Raul H. Yzaguirre currently serves as the Presidential Professor of Practice at Arizona State University (Community Development and Civil Rights). Mr. Yzaguirre, who recently retired as President and CEO of the National Council of La Raza (NCLR) in Washington, DC (1974-2005), spearheaded the council's emergence as the largest constituency-based national Hispanic organization and think tank in the United States.

Task Force Observers

Sam Boutziouvis
Canadian Council of Chief Executives

Daniel Gerstein
Council on Foreign Relations

Lawrence Spinetta
Council on Foreign Relations

David Stewart-Patterson
Canadian Council of Chief Executives

Construire une communauté nord-américaine

Rapport d'un Groupe de travail indépendant

Parraié par le Council on Foreign Relations
avec le
Conseil canadien des chefs d'entreprise et le
Consejo Mexicano de Asuntos Internacionales

Le Council on Foreign Relations, qui a été fondé en 1921, est une organisation nationale indépendante et un centre non partisan de savoir ayant pour rôle de produire et de diffuser des idées devant permettre aux individus et entreprises membres ainsi qu'aux décideurs, journalistes, étudiants et citoyens intéressés des États-Unis et d'autres pays de mieux comprendre le monde et les choix auxquels doivent faire face les États-Unis et d'autres gouvernements en matière de politique étrangère. Pour ce faire, il a recours à divers moyens : organisation de réunions; réalisation d'un vaste programme d'études; publication de Foreign Affairs, une revue de premier plan consacrée aux affaires internationales et à la politique étrangère des É.-U.; maintien d'un effectif diversifié; parrainage de groupes de travail indépendants; affichage d'information de dernière heure sur les affaires mondiales et la politique étrangère des É.-U. sur le site Web du Council, au www.cfr.org.

Le Conseil canadien des chefs d'entreprise est la principale association de dirigeants d'entreprise du Canada et affiche un dossier exceptionnel quant à sa capacité d'allier l'initiative entrepreneuriale à des choix de politique publique rationnels. Le CCCE, qui regroupe les hauts dirigeants de 150 grandes entreprises canadiennes, a été le chef de file du secteur privé en ce qui concerne l'élaboration et la promotion de l'Accord de libre-échange Canada-États-Unis durant les années 1980 et de l'Accord de libre échange nord-américain trilatéral qui s'en est suivi.

Le Consejo Mexicano de Asuntos Internacionales (COMEXI) est la seule organisation multidisciplinaire s'étant donné pour rôle de favoriser un discours et une analyse politiques complexes et largement inclusifs sur la nature de la participation du Mexique aux affaires internationales et sur l'influence relative de l'orientation de plus en plus mondiale des priorités intérieures de ce pays. Le Consejo est un forum indépendant, sans but lucratif et pluraliste qui n'a aucun lien avec le gouvernement ou les institutions et qui est financé exclusivement par les cotisations de ses membres et le soutien des entreprises. Le COMEXI a pour objectifs principaux de fournir de l'information et des analyses à l'intention de ses associés et de créer un cadre institutionnel solide d'échange d'idées sur les principaux enjeux mondiaux qui touchent le Mexique.

Le Council on Foreign Relations parraine un groupe de travail indépendant (1) si un enjeu d'importance actuelle et essentielle à l'égard de la politique étrangère des É.-U. se produit et (2) s'il semble qu'un groupe présentant des antécédents et perspectives divers peut, néanmoins, être en mesure d'en venir à un consensus valable sur une politique par le biais de délibérations à caractère privé et de nature non partisane. En général, un groupe de travail se réunit entre deux et cinq fois sur une brève période pour s'assurer de la pertinence de son travail.

Lorsqu'il en arrive à une conclusion, le groupe de travail produit un rapport, que le Council publie et affiche sur son site Web. Le rapport du groupe de travail repose sur un consensus stratégique solide et rationnel, ses membres appuyant l'orientation de principe générale et les jugements établis par le groupe, sans nécessairement entériner toutes les conclusions et recommandations. Les membres du groupe de travail qui adhèrent au consensus établi peuvent soumettre des points de vue supplémentaires ou dissidents, qui sont inclus dans le compte rendu final. Un « Chairmen's Report » est signé par les présidents du groupe de travail seulement et est en général précédé ou suivi du rapport complet du groupe. Au moment d'en arriver à une conclusion, le groupe de travail peut aussi demander à des personnes qui n'étaient pas membres du groupe de s'associer au rapport pour en accroître l'impact. Tous les rapports de groupes de travail « confrontent » leurs conclusions à la politique courante de l'administration afin de rendre explicites les points d'accord et de désaccord. Le groupe de travail est l'unique responsable de son rapport. Le Council n'adopte aucune position institutionnelle sur ses recherches ou recommandations dans ce rapport. Le Groupe de travail indépendant sur l'avenir de l'Amérique du nord est parrainé par le Council on Foreign Relations avec le Conseil canadien des chefs d'entreprise et le Consejo Mexicano de Asuntos Internacionales.

Pour plus de renseignements sur le Council on Foreign Relations ou sur le groupe de travail responsable du présent rapport, veuillez écrire à l'adresse suivante : Council on Foreign Relations, 58 East 68th Street, New York, NY 10021, ou appeler le directeur des Communications au 212-434-9400. Nous vous invitons aussi à visiter le site Web de l'organisme au www.cfr.org.

Liste des membres
du Groupe de travail

Pedro Aspe

Thomas S. Axworthy*

Heidi S. Cruz*

Nelson W. Cunningham*

Thomas P. d'Aquino

Alfonso de Angoitia

Luis de la Calle Pardo*

Wendy K. Dobson*

Richard A. Falkenrath*

Rafael Fernández de Castro

Ramón Alberto Garza

Gordon D. Giffin

Allan Gotlieb*

Michael Hart

Carlos Heredia*

Carla A. Hills*

Gary C. Hufbauer*

Pierre Marc Johnson*

James R. Jones

Chappell H. Lawson*

John P. Manley

David McD. Mann

Doris M. Meissner

Thomas M.T. Niles

Beatriz Paredes*

Robert A. Pastor*

Andrés Rozental

Luis Rubio

Jeffrey J. Schott*

William F. Weld

Raul H. Yzaguirre

*L'individu a endossé le rapport et a soumis une déclaration supplémentaire ou un point de désaccord.

Avant-propos

La relation des États-Unis avec ses voisins de l'Amérique du Nord reçoit rarement l'attention qui lui est dû. Ce rapport d'un Groupe de travail indépendant sur l'avenir de l'Amérique du Nord parrainé par le Conseil est destiné à adresser ce manque de politiques. Depuis que l'Accord de libre échange nord-américain est entré en vigueur il y a plus d'une décennie, les liens entre le Canada, le Mexique et les États-Unis se sont intensifiés de façon dramatique. La valeur du commerce a plus que doublé à l'intérieur de l'Amérique du Nord. Le Canada et le Mexique sont maintenant les deux plus gros exportateurs de pétrole, de gaz naturel et d'électricité vers les États-Unis. Depuis le 11 septembre, nous ne sommes pas seulement que des majeurs partenaires commerciaux, nous nous sommes joint dans un effort à rendre l'Amérique du Nord moins vulnérable aux attaques terroristes.

Ce rapport sur l'avenir de l'Amérique du Nord examine ces changements et autres qui sont survenus depuis la création de l'ALÉNA et fait des recommandations pour adresser les nombreuses questions auquel les stratèges nord-américains d'aujourd'hui sont confronter : une plus grande compétitivité économique à l'extérieur de l'Amérique du Nord, un développement inégal à l'intérieur de l'Amérique du Nord, une demande toujours croissante pour de l'énergie et les menaces à nos frontières.

Le Groupe de travail offre une série de propositions détaillées et ambitieuses qui s'ajoutent aux recommandations adoptées par les trois gouvernements lors du sommet au Texas en mars 2005. La recommandation principale du Groupe de travail est d'établir d'ici 2010 une communauté économique et sécuritaire en Amérique du Nord, dont les limites seraient définies par un tarif douanier commun et un périmètre de sécurité externe.

Mis à part des groupes de travail précédemment parrainé par le Conseil, ce projet était international, ou trinational plus précisément. Les membres du Groupe de travail incluaient des praticiens en politique, des érudits, et des diriaeants d'affaires provenant de chacun des trois pays. Le Groupe de travail a tenu des réunions à Toronto, New York et Monterrey. Dans cet effort, le Conseil c'est associé avec deux institutions remarquables, le Conseil canadien des chefs d'entreprise et le Consejo Mexicano de Asuntos Internacionales. Je tiens à les remercier pour leur collaboration, leur collégialité et leur appui. Nous avons été extrêmement chanceux d'avoir trois nord-américains expérimentés et dévoués : John P. Manley, Pedro Aspe et William F. Weld-qui ont bien voulus être en tête de cet effort. J'aimerais aussi faire part de mon appréciation aux vice-présidents : Thomas P. d'Aquino, Andrés Rozental et Robert A. Pastor ainsi qu'au directeur de projet Chappell H. Lawson, et Lee Feinstein, directeur exécutif du programme du Groupe de travail. Ce rapport n'aurait pas été possible sans leur engagement, leur dévouement et leur expertise. En terminant, j'aimerais remercier les membres du Groupe de travail pour leur engagement extraordinaire au niveau intellectuel et au niveau du temps qu'ils ont réservé à ce projet et qui à donner comme résultat une contribution précieuse et durable concernant un sujet de grande importance pour nos trois pays et au-delà.

Richard N. Haass
Président
Council on Foreign Relations
Mai 2005

Remerciements

Un Groupe de travail n'est efficace que si il est bien présidé. Ce Groupe de travail a bénéficié incommensurablement du leadership intellectuel et de l'engagement de John P. Manley, de Pedro Aspe et de William F. Weld. Leur détermination, leur humour et leur bon jugement a amené ce Groupe de travail à un consensus solide. Nous sommes chanceux, aussi, d'avoir eu trois vice-présidents très bien informés et énergiques: Thomas P. d'Aquino, Andrés Rozental et Robert A. Pastor. Nous sommes très reconnaissant envers les membres du Groupe de travail, un groupe impressionnant et dévoué de canadiens, de mexicains et d'américains engagés à bâtir un Amérique du Nord plus prospère et plus sécuritaire. Nous voulons aussi remercier Chappell H. Lawson, directeur de projet, pour son excellente contribution aux travaux du Groupe de travail.

Le Groupe de travail remercie aussi Anne McLellan, vice-première ministre et ministre de la Sécurité publique et de la Protection civile du Canada et Richard George, président et chef de la direction de Suncor Énergie Inc. pour avoir donner une séance d'information au Groupe de travail à Toronto en octobre 2004; le Sénateur américain John Cornyn (R-TX); le Consul général mexicain Arturo Sarukhan; Edward L. Morse, conseiller exécutif pour Hess Energy Trading Company; et Albut Fishlow, directeur du Center for Brazilian Studies à l'université Columbia, pour leurs contributions lors de notre rencontre à New York en décembre 2004; et au gouverneur de Nuevo Leon, Jose Natividad Gonzalez Paras et Raul Rodriguez, directeur de la North American Development Bank, qui a rencontré le Groupe de travail

55

en février 2005 à Monterrey. De plus, les individus suivants ont aidé à garantir le succès de trois sessions très productives du Groupe de travail et ils méritent nos plus sincères remerciements : Dan Gerstein, Eric Hrubant, Ramon Alberto Garza et Eva Tamez. Nora Weiss, Elena Rich, Marcela Pimentel Lasarreta, Jorge Araya et Andrés Rozental nous ont prêté leur talent impressionnant de traducteur à cet effort.

Convoquer un Groupe de travail trinational est un énorme engagement. Ceci n'aurait pas été possible sans l'appui du Conseil canadien des chefs d'entreprise et du Consejo Mexicano de Asuntos Internacionales qui se sont joint au Council on Foreign Relations pour cet exercice.

Au Council on Foreign Relations, nous aimerions remercier notre Président Richard N. Haass, qui proposa ce Groupe de travail et lui donna son appui. Lisa Shields, Anya Schmemann, Kate Zimmerman, John Havens, Nancy Bodwitha, Meaghan Mills, Patricia Dorff et Irina Faskianos se sont assurés que le travail du Groupe de travail recevait l'attention des stratèges et des médias. Des remerciements bien particuliers à nos collègues qui faisaient partie du personnel du Groupe de travail, particulièrement à Lindsay Workman, directrice adjointe du programme du Groupe de travail et Andrea Walther, associée de recherche. Ce rapport n'aurait pas été possible sans leur expertise et leur dévouement.

Au Conseil canadien des chefs d'entreprise, nous aimerions reconnaître David Stewart-Patterson, vice-président directeur, qui a contribué de façon significative à la rédaction du rapport, ainsi que ses collègues Sam Boutziouvis, Nancy Wallace, Ross Laver, Cheryl Eadie et Monique Raymond-Dubé.

Nous offrons aussi nos remerciements aux membres chef de la direction dont les compagnies appuient l'*Initiative nord-américaine de sécurité et de prospérité* du CCCE. Ceci a permis de subventionner la contribution du CCCE aux travaux du Groupe de travail.

Au Consejo Mexicano de Asuntos Internacionales (Comexi), notre appréciation va au directeur, Aurora Adame, et à son personnel compétent.

Pour terminer, nous sommes très reconnaissants envers Archer Daniels Midland Company, Merrill Lynch & Co., et Yves-André Istel pour leur généreuse contribution financière au Groupe de travail.

Lee Feinstein
Directeur exécutif, Programmme du Groupe de travail

Rapport du Groupe de travail

Introduction

La sécurité et le bien-être de ses citoyens sont la toute première responsabilité de tout gouvernement. En ce début de 21e siècle, le Canada, le Mexique et les États-Unis partagent un avenir commun comme jamais auparavant. Il en résulte que ces trois pays sont confrontés à un défi historique : vont-ils continuer sur la voie de la coopération pour promouvoir des sociétés nord-américaines plus sûres et plus prospères ou vont-ils suivre des voies divergentes et, au bout du compte, moins sûres et moins prospères? Poser la question, c'est y répondre et, pourtant, à moins de prendre et d'appliquer des décisions importantes, les trois pays risquent fort de se retrouver sur des chemins divergents. Un tel cours des choses serait tragique, mais ils peuvent facilement l'éviter en gardant le cap et en prenant une série de mesures délibérées et coopératives qui augmenteront à la fois la sécurité et la prospérité de leurs citoyens.

Au cours de leur rencontre à Waco, au Texas, fin mars 2005, le Président George W. Bush, le Président Vicente Fox et le Premier ministre Paul Martin ont engagé leurs gouvernements sur une voie de coopération et d'actions conjointes. Nous saluons cette importante initiative et nous proposons ce rapport pour souligner le caractère pressant de ces questions et soumettre des recommandations spécifiques visant à renforcer leurs efforts.

Les trois pays de l'Amérique du Nord sont les principaux partenaires commerciaux les uns des autres. Plus de 80 pour cent des échanges du Canada et du Mexique se font avec leurs partenaires de l'ALÉNA. Près d'un tiers des échanges commerciaux des États-Unis se font avec le

Canada et le Mexique. La valeur des échanges entre ces trois pays a triplé en dix ans. De plus, les investissements transfrontaliers directs ont fortement augmenté, contribuant ainsi à l'intégration des trois économies.

Les pays d'Amérique du Nord sont énergétiquement interdépendants mais pas énergétiquement indépendants. En 2004, le Canada et le Mexique ont été les deux principaux exportateurs de pétrole vers les États-Unis. Le Canada a fourni approximativement 90 pour cent du gaz naturel importé par les États-Unis et la totalité de l'électricité qu'ils ont importée.

Les trois pays sont aussi confrontés à des dangers communs en termes de sécurité, allant du terrorisme au trafic de drogue et au crime organisé international. Répondre à ces dangers est un défi majeur dans cette région dynamique : les frontières entre le Canada, les États-Unis et le Mexique seront traversées plus de 400 millions de fois en 2005.

En tant que démocraties libérales, les trois gouvernements ont aussi des principes communs : la protection des droits de la personne, le maintien de l'État de droit et le maintien de l'égalité des chances pour tous leurs citoyens. En résumé, l'Amérique du Nord est plus que l'expression d'une géographie : c'est un partenariat d'États souverains ayant des intérêts économiques et de sécurité communs, et au sein duquel des développements majeurs dans l'un des pays peuvent avoir et ont un puissant impact sur les deux autres.

Il y a plus de dix ans, l'ALÉNA est entré en vigueur, en libéralisant le commerce et l'investissement, en assurant la protection de la propriété intellectuelle, en créant des mécanismes originaux de résolution de différends et en établissant les premiers dispositifs régionaux de sauvegarde de l'emploi et des normes environnementales. L'ALÉNA a aidé à débloquer le potentiel économique de la région et a démontré que des nations ayant différents niveaux de développement peuvent cependant prospérer grâce aux occasions créées par les dispositions réciproques de libre échange.

Mais depuis, la concurrence commerciale mondiale s'est intensifiée et le terrorisme international a émergé pour devenir un grave danger sur le plan régional et mondial. Le resserrement des liens entre les trois pays d'Amérique du Nord promet des avantages à long terme pour le

Canada, le Mexique et les États-Unis. Ceci dit, le parcours qui nous amènerait à une Amérique du Nord plus intégrée et plus prospère n'est ni donné d'avance ni irréversible.

En mars 2005, les dirigeants du Canada, du Mexique et des États-Unis ont adopté un Partenariat nord-américain pour la sécurité et la prospérité (PSP) et créé des groupes de travail ministériels pour répondre aux principales questions économiques et de sécurité de l'Amérique du Nord et informer à brève échéance leurs gouvernements de leurs progrès. Le Président Bush a décrit l'importance du PSP en indiquant que celui-ci mettait en avant un engagement commun « envers les marchés, la démocratie et la liberté, le commerce, la prospérité mutuelle et la sécurité mutuelle ». Le cadre politique exprimé par les trois dirigeants est un engagement significatif qui tirera profit de discussions étendues et de conseils. Le Groupe de travail est heureux de fournir des conseils spécifiques sur la façon dont le Partenariat peut être poursuivi et réalisé.

Pour cela, le Groupe de travail propose la création d'ici 2010 d'une communauté nord-américaine pour améliorer la sécurité, la prospérité et les opportunités. Nous proposons une communauté basée sur le principe affirmé dans la déclaration commune de mars 2005 des trois dirigeants, selon lequel « notre sécurité et notre prospérité sont mutuellement dépendantes et complémentaires ». Ses limites seront définies par une barrière douanière commune et un périmètre extérieur de sécurité à l'intérieur duquel la circulation des personnes, des produits et des capitaux sera légale, harmonieuse et sûre. Son but sera de garantir une Amérique du Nord libre, juste, prospère et sécuritaire.

Ce à quoi nous sommes confrontés

Nos pays sont confrontés à trois défis communs :

Menaces communes envers notre sécurité. Depuis une décennie, l'activité terroriste et criminelle a montré la vulnérabilité de l'Amérique du Nord. Tous les terroristes auteurs des attentats du 11 septembre 2001 ont réussi à entrer aux États-Unis en provenance directe d'autres pays que les pays de l'Amérique du Nord, mais l'arrestation en 1999 d'une personne essayant de passer la frontière Canada-États-Unis pour participer à une attaque à la bombe contre l'aéroport de Los Angeles montre que les terroristes peuvent aussi essayer de pénétrer aux États-Unis depuis le Canada et le Mexique. On a découvert que cette personne avait également répertorié des cibles canadiennes et Al-Qaeda a publiquement placé le Canada sur la liste de ses principales cibles, avec les États-Unis.

Si l'on ne sécurise pas les frontières extérieures de l'Amérique du Nord, cela entravera le déplacement légitime des personnes et des biens à l'intérieur du continent. Après les attaques du 11 septembre, les temps d'attente à la frontière Canada-États-Unis ont entraîné des ruptures de stocks de pièces dans les deux pays, ce qui a coûté aux fabricants des millions de dollars par heure. Les échanges commerciaux à la frontière entre le Mexique et les États-Unis ont aussi souffert des séquelles immédiates de ces attaques, ce qui a affecté la croissance économique des États-Unis. Les conséquences à l'échelle du continent signifient que le Canada et le Mexique ont un intérêt commercial prioritaire d'augmenter la sécurité de l'Amérique du Nord, en dehors de toute autre considération. De plus, de futures attaques terroristes pourraient viser des infrastructures ou sites critiques dans n'importe lequel des trois pays.

Au-delà du terrorisme, chacun des trois pays doit gérer des flux persistants d'immigrants sans papiers. La criminalité internationale représente aussi une menace permanente envers la sécurité publique dans la région, y compris la violence liée à la drogue et aux gangs le long de la frontière entre le Mexique et les États-Unis. Ces menaces transfrontalières ne peuvent être adéquatement adressées par un gouvernement seul.

Si l'on ne répond pas aux problèmes de sécurité, cela sapera à terme les avancées réalisées dans d'autres domaines. Dans le contexte nord-américain, une absence de collaboration efficace pour répondre aux problèmes de sécurité aura un impact direct sur les relations commerciales ainsi que sur nos libertés et notre qualité de vie.

Défis communs contre notre croissance et notre développement économiques. L'ALÉNA a très nettement augmenté notre capacité de mieux utiliser les abondantes ressources de nos trois pays et a ainsi beaucoup contribué à la croissance économique en Amérique du Nord. Toutefois, depuis dix ans, nos économies ont été confrontées à des défis grandissants sur un marché mondial de plus en plus compétitif. Nous devons faire davantage d'efforts pour que nos politiques apportent à nos entreprises et à nos travailleurs une base équitable et sans entraves pour relever les défis de la concurrence mondiale. Des règles pesantes concernant la provenance nord-américaine, une augmentation de la congestion dans nos ports d'entrée et des différences de réglementation entre nos trois pays, augmentent nos coûts au lieu de les réduire. Le commerce dans certains secteurs, comme les ressources naturelles, l'agriculture et l'énergie, reste coûteux, et les différends dans ces domaines ont été une source de mésentente entre nos pays. De plus, les partenaires de l'ALÉNA n'ont pas su résoudre divers différends importants concernant le commerce et l'investissement, ce qui a créé des tensions persistantes dans nos relations commerciales.

Les dirigeants de nos trois pays ont reconnu ces défis et discuté de toute une série de réponses, lors du sommet 2005 au Texas. En ce qui concerne des changements dans les accords commerciaux officiels, il faudra nécessairement du temps de négociation pour parvenir à la ratification. Cependant, dans d'autres domaines, notamment la coopération en matière de réglementation et l'expansion des activités transfrontalières dans les secteurs cruciaux comme les transports et les services financiers, on s'accorde à penser que les trois pays peuvent et doivent agir rapidement de façon à apporter une réelle différence dans l'amélioration de la compétitivité des entreprises et des personnes en Amérique du Nord.

Défi commun que représente le niveau inégal de développement économique. Une voie rapide vers le développement est cruciale pour le Mexique pour contribuer à la sécurité de l'ensemble de la région. Le développement du Mexique n'est pas parvenu à empêcher de profondes disparités entre les différentes régions du pays, en particulier entre les régions éloignées et celles qui sont mieux connectées aux marchés internationaux. Les États du Nord du Mexique ont eu une croissance dix fois plus rapide que ceux du centre et du sud du pays. Le manque de débouchés économiques encourage l'émigration illégale et, on l'a constaté, est liée à la corruption, au trafic de drogue, à la violence et aux souffrances humaines. L'amélioration du capital humain et des infrastructures physiques au Mexique, notamment dans le centre et le sud du pays, associerait plus étroitement ces régions à l'économie nord-américaine et irait dans le sens de l'intérêt économique et de sécurité des trois pays.

Les dirigeants de nos trois pays ont reconnu ces problèmes et exprimé leur soutien à diverses mesures prometteuses, dont la réforme de l'immigration, mais il reste un champ considérable pour réaliser davantage d'efforts sur le plan individuel, bilatéral et commun pour répondre aux besoins de développement.

Ce que nous pouvons faire

Dans la formulation de ses recommandations, le Groupe de travail est guidé par les principes suivants :

- Les trois gouvernements devraient aborder ensemble les questions continentales, dans une optique tripartite plutôt que selon l'approche traditionnelle « duelle-bilatérale » qui a longtemps caractérisé leurs relations. Les avancées peuvent se faire à deux vitesses dans certains aspects des politiques. Le Canada et les États-Unis, par exemple, ont en commun une longue histoire de coopération militaire et d'institutions binationales de défense, et ils devraient continuer à approfondir leur alliance bilatérale tout en ouvrant la porte à une plus grande coopération avec le Mexique. Cependant, sur de nombreux points, une approche tripartite serait avantageuse. Les préoccupations communes vont de la croissance économique régionale au maintien de l'ordre, de la sécurité énergétique à la politique réglementaire et de la résolution de différends à la défense continentale.

- L'Amérique du Nord est différente des autres régions du monde et doit trouver sa propre voie de progrès dans la coopération. Une nouvelle communauté nord-américaine devrait s'appuyer davantage sur le marché et moins sur la bureaucratie, davantage sur les solutions pragmatiques aux problèmes communs que sur de grands schémas de confédération ou d'union comme en Europe. Nous devons chacun maintenir le respect de la souveraineté nationale de nos partenaires.

- Notre orientation économique devrait porter sur la création d'un espace économique commun dans lequel le commerce, les capitaux et les personnes se déplacent librement et qui élargit les possibilités de développement économique pour toutes les personnes de la région.

- La stratégie doit avoir une approche intégrée et reconnaître le degré auquel les progrès sur chaque élément individuel favorisent la réalisation des autres. Par exemple, les progrès en matière de sécurité permettront d'avoir une frontière plus ouverte au mouvement des biens et des personnes; les progrès en matière de réglementation réduiront la nécessité d'une administration active des douanes et rendront disponibles des ressources qui permettront de renforcer la sécurité. Les solutions nord-américaines pourront, ultimement, servir de base à des initiatives impliquant d'autres pays ayant des orientations semblables, dans notre hémisphère ou au-delà.

- Enfin, une stratégie nord-américaine doit apporter des gains réels pour tous les partenaires et ne doit pas être abordée comme un jeu à somme nulle. La misère et les privations sont le terreau de l'instabilité politique et sapent à la fois la sécurité nationale et la sécurité régionale. Les progrès des plus pauvres d'entre nous seront une mesure de notre succès.

Recommandations

Les recommandations du Groupe de travail correspondent à deux grandes catégories liées à l'impérieuse nécessité de bâtir un continent plus sûr et plus prospère. Le Groupe de travail propose également des réformes et la création d'institutions dans chacun des trois gouvernements pour promouvoir les progrès dans ces domaines. Le Groupe de travail a formulé ses recommandations sous forme de mesures à court terme qui devraient être prises dès maintenant et de mesures à plus long terme qui devront être prises d'ici 2010.

Rendre l'Amérique du Nord plus sécuritaire

Sécurité

La menace du terrorisme international vient surtout de l'extérieur de l'Amérique du Nord. Nos frontières externes sont une ligne de défense cruciale. Toute faiblesse dans le contrôle de l'accès à l'Amérique du Nord depuis l'étranger réduit la sécurité du continent dans son ensemble et accroît la pression sur l'intensification des contrôles des déplacements et du trafic de marchandises à l'intérieur du continent, ce qui augmente les coûts de transaction associés au commerce et aux déplacements à l'intérieur de l'Amérique du Nord.

Le 11 septembre a mis en lumière la nécessité de nouvelles approches en matière de gestion des frontières. En décembre 2001, le Canada et les États-Unis ont signé la Déclaration sur la Frontière intelligente, à

66

laquelle est associé un Plan d'action en 30 points visant à sécuriser l'infrastructure frontalière, faciliter le déplacement sécuritaire des personnes et des biens et partager les informations. Un accord similaire, l'Accord de partenariat frontalier États-Unis–Mexique, avec son Plan d'action en 22 points, a été signé en mars 2002. Les deux accords comportent des mesures visant à faciliter une traversée plus rapide des frontières pour les voyageurs préapprouvés, mettre au point et promouvoir des systèmes d'identification des personnes et des biens dangereux, réduire la congestion aux frontières et revitaliser les mécanismes transfrontalier de coopération et de partage des informations. Les trois dirigeants se sont engagés en faveur de mesures supplémentaires lors de leur sommet de mars 2005.

La défense de l'Amérique du Nord doit aussi comporter une coopération plus intense des personnels de sécurité des trois pays, à la fois en Amérique du Nord et au-delà des limites physiques du continent. Par exemple, l'Initiative sur la sécurité des conteneurs, lancée par les États-Unis à la suite des attentats du 11 septembre 2001, fait intervenir l'utilisation du renseignement, l'analyse et l'inspection de conteneurs non à la frontière mais dans un nombre croissant de ports étrangers d'origine d'où sont envoyés de la marchandise. L'objectif central est d'assurer l'inspection de tous les conteneurs à destination de tout port de l'Amérique du Nord, de façon à ce qu'une fois déchargés, ils puissent passer les frontières terrestres de la région sans avoir besoin d'inspections supplémentaires.

CE QUE NOUS DEVRIONS FAIRE MAINTENANT :

- **Établir un périmètre commun de sécurité d'ici 2010**. Les gouvernements du Canada, du Mexique et des États-Unis devraient se donner pour but à long terme la définition d'un périmètre commun de sécurité pour l'Amérique du Nord. En particulier, les trois gouvernements devraient s'efforcer de parvenir à une entente où qu'il soit tout aussi difficile pour un terroriste de passer nos frontières quel que soit le pays où il cherche à entrer d'abord. Nous pensons que ces mesures devraient aussi inclure un engagement en faveur d'approches communes en vue de négociations internationales sur la circulation des personnes, du fret et des navires, à l'échelle mondiale. À l'instar du libre échange il y a dix ans, un périmètre commun de sécurité pour l'Amérique du Nord est un objectif ambitieux mais réaliste qui exigera des modifications spécifiques d'ordre politique, statutaire et procédural dans chacun des trois pays.

- **Créer un permis frontalier nord-américain.** Les trois pays devraient créer un permis frontalier nord-américain sécurisé comportant des identificateurs biométriques. Ce document permettrait à son détenteur de passer rapidement les douanes, le service d'immigration et les dispositifs de sécurité des aéroports de toute la région. Le programme suivrait le modèle des programmes NEXUS entre les États-Unis et le Canada et SENTRI entre les États-Unis et le Mexique, qui fournit des « cartes intelligentes » permettant d'accélérer le passage des personnes qui ne posent aucun risque. Seules les personnes qui sollicitent reçoivent et paient les coûts pour une autorisation de sécurité, obtiendraient un permis frontalier. Le permis serait accepté à tous les points de passage en Amérique du Nord en complément (mais non à la place) des documents d'identité ou passeports nationaux.

- **Élaborer un plan d'action nord-américain unifié concernant les frontières.** La fermeture des frontières à la suite des attentats du 11 septembre a rappelé aux trois gouvernements la nécessité d'en repenser la gestion. D'intenses négociations ont abouti aux accords bilatéraux sur les « Frontières intelligentes ». Bien que les deux frontières soient différentes et puissent exiger dans certains cas des politiques à mettre en œuvre à deux vitesses, la coopération des trois gouvernements dans les domaines suivants amènerait un meilleur résultat qu'une approche « duelle-ilatérale » :
  - harmoniser les réglementations concernant les visas et le droit d'asile, y compris la convergence de la liste des pays dispensés de visa;
  - harmoniser les inspections d'entrée et les procédures de surveillance des personnes, des biens et des navires (dont l'intégration de listes de surveillance biométriques est basées sur les noms);
  - harmoniser les procédures de surveillance des sorties et des exportations;
  - partager intégralement les données sur la sortie et l'entrée des ressortissants étrangers;

o inspecter conjointement le trafic de conteneurs entrant dans les ports nord-américains, en s'appuyant sur l'Initiative sur la sécurité des conteneurs.

- **Étendre l'infrastructure frontalière.** Alors que les échanges commerciaux ont presque triplé entre les deux frontières depuis l'entrée en vigueur de l'Accord de libre-échange (ALÉ) entre le Canada et les États-Unis et de l'ALÉNA, les installations de douanes aux frontières et les infrastructures de passage des frontières n'ont pas suivi cette évolution de la demande. Même si les attentats du 11 septembre ne s'étaient pas produits, le commerce serait bloqué par un goulot d'étranglement à la frontière. Des investissements importants ont été faits pour accélérer le traitement aux deux frontières (Canada-États-Unis et États-Unis-Mexique), mais ils sont insuffisants pour suivre l'intensification de la demande et les exigences supplémentaires en matière de sécurité. Les trois gouvernements devraient examiner les possibilités d'ajouter des installations supplémentaires à la frontière et de veiller à ce qu'elles soient opérationnelles rapidement. En plus du fait qu'ils permettront la poursuite de l'augmentation du volume des échanges transfrontaliers, de tels investissements doivent utiliser une technologie de pointe et comporter des installations et des procédures permettant d'effectuer la plus grande portion possible du traitement ailleurs qu'à la frontière.

CE QUE NOUS DEVRIONS FAIRE D'ICI 2010 :

- **Paver la voie pour une circulation plus libre des personnes à l'intérieur de l'Amérique du Nord.** Les trois gouvernements devraient adopter l'objectif à long terme de réduire radicalement le niveau actuel de contrôle physique du trafic, des voyages et du commerce transfrontaliers à l'intérieur de l'Amérique du Nord. Un des objectifs à long terme d'un plan d'action nord-américain sur les frontières devrait être une inspection conjointe des voyageurs d'un tiers pays à leur premier point d'entrée en Amérique du Nord et l'élimination de la plupart des contrôles des mouvements temporaires de ces voyageurs à l'intérieur de l'Amérique du Nord.

Maintien de l'ordre et coopération militaire

La coopération entre les trois pays en matière de sécurité devrait s'étendre à la coopération en matière d'antiterrorisme et de maintien de l'ordre, pour inclure l'établissement d'un centre tripartite de renseignement sur les menaces, la création d'un registre tripartite des armes à feu et des explosifs et une formation conjointe des agents de la force publique.

En tant que membres fondateurs de l'Organisation du Traité de l'Atlantique Nord (OTAN), le Canada et les États-Unis sont des alliés militaires proches. Lorsque des troupes canadiennes pourchassent des terroristes et soutiennent la démocratie en Afghanistan et lorsque les navires canadiens effectuent des patrouillent dans le Golfe persique, ils participent à la « défense avancée » de l'Amérique du Nord en attaquant les bases de soutien du terrorisme international dans le monde. Bien que le Mexique ne soit pas membre de l'OTAN et n'ait pas le même historique de coopération militaire, il a récemment commencé à réfléchir à une collaboration plus étroite en matière de secours en cas de catastrophe et de partage des informations sur les menaces extérieures. La coopération en matière de défense doit donc avancer à deux vitesses vers un but commun. Nous proposons que le Mexique commence par dialoguer pour instaurer la confiance et les échanges d'information, pour passer ensuite progressivement à une coopération nord-américaine renforcée sur des points tels que l'évaluation conjointe de la menace, les opérations de maintien de la paix et enfin une structure de défense élargie pour le continent.

Ce que nous devrions faire dès maintenant :

- **Faire du NORAD un commandement de défense multiservices**. Le Commandement de la défense aérienne du continent nord-américain (NORAD) est depuis plusieurs décennies le principal moyen d'expression de l'alliance unique de défense entre le Canada et les États-Unis. Comme le recommande un rapport du Groupe mixte de planification États-Unis-Canada, le NORAD devrait devenir un Commandement de défense multiservices qui étendrait le principe du commandement unifié États-Unis-Canada aux forces terrestres, navales et aériennes impliquées dans la défense des abords de l'Amérique du Nord. De plus, le Canada et les États-Unis devraient renforcer d'autres institutions bilatérales de défense, dont le *Permanent*

Joint Board on Defense et le Groupe mixte de planification et inviter le Mexique à y envoyer des observateurs.

• **Augmenter le partage des informations et du renseignement aux niveaux local et national dans les domaines du maintien de l'ordre et des organisations militaires.** La coopération en matière de maintien de l'ordre devrait être étendue par l'échange d'équipes de liaison et une meilleure utilisation des systèmes automatisés pour le suivi, le stockage et la diffusion de renseignements de façon rapide. Ceci devrait être fait immédiatement. Dans le domaine de la coopération militaire, la collaboration peut avancer plus progressivement, notamment entre les institutions militaires états-uniennes et mexicaines. Cependant, le but final doit être le partage rapide d'informations et de renseignements précis et un plus haut niveau de coopération.

Les États-Unis et le Canada devraient inviter le Mexique à réfléchir à un partage d'information plus développé et à une planification collaborative impliquant les organisations militaires et le maintien de l'ordre pour élaborer une confiance mutuelle et ouvrir la voie à une coopération plus étroite à l'avenir. Il faudrait développer la formation et les exercices pour augmenter la coopération et l'interopérabilité entre les organismes de maintien de l'ordre et les institutions militaires. Cela fournira de meilleures capacités de détection des menaces, d'action préventive, de réaction aux crises et de gestion des conséquences. Il faudrait mettre sur pied, dans l'année qui vient, au moins un exercice tripartite de grande envergure réalisé par les instances du maintien de l'ordre et un autre par les institutions militaires. Bien sûr, la portée de la coopération sera affectée par le progrès de la réforme des forces de police, des douanes et de l'appareil judiciaire du Mexique.

Outre le partage d'information, il faudrait créer un Centre conjoint d'analyse servant de banque d'information et de centre de mise au point de produits aidant à assurer le maintien de l'ordre et, selon les besoins, les exigences militaires.

Distribuer les avantages du développement économique

L'ALÉNA a transformé le Mexique, mais il a aussi accru et rendu nettement plus visibles ses disparités internes. Ainsi, le nord du Mexique, où la population possède un niveau de scolarité plus élevé et est mieux reliée aux marchés américain et canadien, a connu une croissance nettement plus forte que le centre et le sud.

L'ALÉNA a été conçu pour créer de nouvelles possibilités d'échanges et d'investissement au Mexique, ainsi complémentant les programmes mexicains de développement. Les responsables ont espéré que le Mexique allait avoir une croissance beaucoup plus rapide que ses partenaires plus industrialisés et commencerait ainsi à rattraper son retard en termes de revenus par rapport aux deux autres pays. Or, l'investissement a été modeste, ce qui a empêché le Mexique d'atteindre de plus hauts niveaux de croissance. L'OCDE a estimé qu'avec des niveaux significatifs d'investissement, le Mexique pourrait atteindre un taux de croissance de 6 pour cent; mais cela exige de profonds changements politiques. Par exemple, la Banque mondiale a estimé en 2000 qu'il faudrait 20 milliards de dollars par an pendant dix ans pour soutenir les infrastructures essentielles et les projets pédagogiques au Mexique.

Le fossé des salaires a amené de nombreux Mexicains à partir dans le Nord à la recherche de meilleurs revenus et de meilleures possibilités. Depuis trente ans, le Mexique est la principale source d'immigrants légaux aux États-Unis, et les Mexicains résidant aux États-Unis apportent des contributions de plus en plus grandes et de plus en plus estimées à la vie de ce pays et, par le biais de virements, à celle de leurs familles restées au Mexique. Le Mexique est aussi la principale source de migration illégale, liée à des problèmes économiques et de sécurité dans les deux pays et à de grandes difficultés pour les migrants mexicains. Avec le temps, la meilleure façon de réduire ces problèmes est de promouvoir de meilleures possibilités économiques au Mexique. Le Mexique a aussi besoin de réformes significatives de ses politiques fiscale et énergétique pour pouvoir exploiter plus efficacement ses propres ressources afin de faire progresser son développement économique.

CE QUE NOUS DEVRIONS FAIRE DÈS MAINTENANT :

- **Intensifier les efforts du Mexique pour accélérer son développement économique.** Pour atteindre cet objectif, le Mexique doit réorienter ses politiques économiques de façon à susciter davantage d'investissement et à distribuer les fruits de la croissance économique plus équitablement et plus efficacement dans l'ensemble du pays. Il faut notamment faire des progrès dans les domaines suivants : (1) nettement augmenter l'investissement et la productivité dans le secteur énergétique; (2) poursuivre les efforts de transparence de l'administration, de capacité réglementaire et de réforme judiciaire; (3) améliorer l'accès public à une éducation de haute qualité; (4) promouvoir l'élaboration de projets d'infrastructure de base de la part des États et des municipalités; (5) aider les petits et moyens producteurs à tirer parti de l'intégration économique; (6) augmenter l'assiette fiscale fédérale en pourcentage du PIB; et (7) définir des objectifs clairs et mesurable pour les dépenses publiques. Bien sûr, il reviendra aux Mexicains eux-mêmes d'élaborer les conditions politiques permettant ces changements.

Les trois pays doivent reconnaître qu'un effort régional de grande ampleur est aussi nécessaire. Pour cela, le Canada et les États-Unis devraient tirer parti de leurs initiatives bilatérales soutenant le développement du Mexique, notamment du Partenariat pour la prospérité entre les États-Unis et le Mexique et du Partenariat Canada-Mexique. Dans ces deux programmes, les secteurs privés des trois pays sont des partenaires de l'effort de développement. Le Mexique devrait aussi être reconnu comme une priorité dans les programmes de développement international des États-Unis et du Canada, et tous deux devraient étudier avec la Banque mondiale et la Banque interaméricaine de développement, les façons d'utiliser plus efficacement les fonds de développement multilatéral pour relever le défi du développement en Amérique du Nord. Le Canada a récemment annoncé une réforme importante de ses programmes d'aide au développement, en doublant l'enveloppe globale et en concentrant ses efforts sur un groupe central de pays. Le Mexique ne fait pas partie de cette nouvelle liste; il devrait y figurer.

- **Créer un fonds d'investissement nord-américain pour les infrastructures et le capital humain.** Avec un climat plus favorable aux investissements au Mexique, les fonds privés seront plus accessibles pour les projets d'infrastructure et de développement. Les États-Unis et le Canada devraient créer un Fonds d'investissement nord-américain destiné à encourager les flux de capitaux privés vers le

Mexique. Ce fonds aurait pour objectif d'augmenter et améliorer les infrastructures physiques reliant les parties les moins développées du Mexique aux marchés du Nord, améliorer l'éducation primaire et secondaire et la formation technique dans les États et les municipalités qui s'engagent en faveur de la transparence et du développement institutionnel. Une petite partie du fonds devrait être consacrée à l'assistance technique à la conception et l'évaluation de projets ainsi qu'à la gestion et à la formation. Pour être efficace, le Fonds d'investissement nord-américain aura besoin d'une aide significative de la part des États-Unis et du Canada et d'un financement en contrepartie provenant d'une hausse des recettes fiscales au Mexique. Lors de la conception du fonds, il faudra étudier les questions telles que les incitatifs et la résorption de la dette et la capacité de gestion des gouvernements infranationaux pour faire en sorte que les ressources soient utilisées efficacement. Le fonds devra être géré de façon transparente selon les meilleures pratiques au niveau international, et devrait être capitalisé au travers d'un ensemble varié de mécanismes financiers originaux. La disponibilité de mécanismes d'amélioration du crédit, pour les prêts à long terme en pesos, sera cruciale.

• **Augmenter la capacité de la Banque nord-américaine de développement (BNAD).** La BNAD a été conçue pour soutenir les projets d'infrastructure environnementale dans une zone de 100 kilomètres de part et d'autre de la frontière États-Unis-Mexique. La BNAD a réalisé d'importants travaux depuis quelques années, après un démarrage lent, et son mandat a été récemment étendu de façon à couvrir une zone de 300 kilomètres au Mexique. Cependant, pour lui permettre de réaliser tout son potentiel, les gouvernements des États-Unis et du Mexique devraient (1) inclure dans le mandat de la BNAD d'autres secteurs d'infrastructure, notamment les transports, (2) lui donner accès aux marchés nationaux de capitaux et à des outils d'amélioration des termes de crédit, (3) soutenir l'établissement de fonds renouvelables par des subventions et des prêts préférentiels de par toute sa jurisprudence et (4) renforcer ses programmes d'assistance technique pour promouvoir la bonne gouvernance et la solvabilité des communautés et des services publics. Enfin, les procédures internes de la BNAD et son processus de certification de projets devraient être revu pour permettre un déploiement nettement plus rapide et plus transparent des fonds.

Élaborer une stratégie nord-américaine en matière de ressources naturelles

Les trois pays nord-américains produisent des quantités substantielles d'énergie, mais la région dans son ensemble est importatrice nette d'énergie du fait de la forte consommation des États-Unis. Les deux voisins de l'état de Washington sont les principaux fournisseurs d'énergie de ce dernier. La production de pétrole et de gaz naturel sur le continent ne suit pas l'évolution de la demande.

Bien que la production nord-américaine de pétrole et de gaz ait diminué, le Canada et le Mexique ont le potentiel de développer leur production, à la fois directement pour leur propre usage et pour l'exportation. Cependant, ces deux pays ont des approches différentes du développement des ressources énergétiques et autres ressources naturelles et il faut en tenir compte lors de la réflexion sur la meilleure orientation pour l'Amérique du Nord.

Le Canada tient à avoir des marchés énergétiques efficaces, un cadre d'investissement ouvert et le libre échange dans ce secteur. Les vastes sables bitumineux du Canada, qui étaient jadis une source expérimentale de pétrole moyennant une extraction coûteuse, sont maintenant une nouvelle source viable d'énergie qui attire un flux régulier de milliards de dollars d'investissements et d'intérêt des pays tel que la Chine. Ils ont propulsé le Canada au second rang mondial en termes de réserves pétrolières prouvées. Selon les projections, la production provenant des sables bitumineux devrait atteindre 2 millions de barils par jour en 2010. Les principales contraintes pesant sur la progression de la croissance est le manque de personnel qualifié et le manque d'infrastructures, comme des logements, des voies de transport et la capacité des oléoducs, ainsi que les procédures d'approbation réglementaire, qui peuvent nettement ralentir tant le développement de la production à partir des ressources que le développement des infrastructures.

Le Mexique est aussi un grand fournisseur et un grand acheteur d'énergie en Amérique du Nord. En 2004, il était le deuxième exportateur de pétrole vers les États-Unis, et au cours des années précédentes, il a régulièrement figuré parmi ses quatre principaux fournisseurs. Une grande partie des revenus du Mexique dépend du producteur de pétrole nationalisé (Pemex). Il possède de grandes réserves de pétrole et de gaz, mais celles-ci restent relativement inexploitées. Le développement a été entravé par des restrictions constitutionnelles sur la propriété, animées par le désir compréhensible que cet actif stratégique serve les intérêts des Mexicains. Cette restriction sur l'investissement, associée à la gestion inefficace de la société monopolistique de l'État, Pemex, a été un facteur de faible productivité. De ce fait, le Mexique a des réserves d'énergie très coûteuses et irrégulières pour les consommateurs et ses industries. Le Mexique a commencé à accueillir des capitaux étrangers grâce à des contrats de service multiples, mais les principales entraves à sa croissance future comme producteur d'énergie sont les restrictions qui empêchent le développement de ses propres ressources énergétiques et la faible productivité de Pemex. Il est urgent de réformer ce domaine.

Bien que la sécurité énergétique représente peut-être le défi le plus urgent, il est important de reconnaître que les échanges commerciaux pour d'autres ressources naturelles, dont les métaux, les minerais, le bois et autres produits, ont aussi un rôle central dans la croissance et la sécurité économique de l'Amérique du Nord. Pour ces autres secteurs de ressources, l'ALÉNA n'est pas parvenue à assurer une libre circulation des biens. Les ressources et les produits agricoles comme le bois d'œuvre résineux, le poisson, le bœuf, le blé et le sucre ont été les sujets de différends commerciaux très remarqués. L'affaire du bois d'œuvre résineux a amené certains Canadiens à se demander si les États-Unis respecteraient l'ALÉNA lorsque les décisions émises à travers le mécanisme de résolution des différends iraient à l'encontre de leurs intérêts. Depuis plus de dix ans, les États-Unis et le Mexique n'ont pas respecté les dispositions de libre-échange sur la circulation des camions et n'ont pas réussi à résoudre le problème du bois d'œuvre résineux entre les États-Unis et le Canada qui entache les relations commerciales depuis 25 ans. La modification de certaines règles commerciales et de la procédure de résolution de différends permettra peut-être de réduire ces frictions, de même qu'un effort résolu de réduction des différences réglementaires inutiles en Amérique du Nord.

L'Amérique du Nord a la chance d'avoir une base de ressources abondantes. L'exploitation de ces ressources à long terme et de façon durable exige que les trois gouvernements s'efforcent ensemble de résoudre les problèmes et de veiller à l'utilisation responsable de ressources qui sont rares et à la libre circulation des ressources et des capitaux au travers des trois frontières. Comme nous l'avons mentionnée, les domaines les plus problématiques du commerce transfrontalier, depuis vingt ans, sont ceux du commerce des ressources, notamment du fait des différences réglementaires, dont les différences d'approches du prix des ressources et de la protection du revenu. Les efforts visant à éliminer ces problèmes au moyen des mécanismes de résolution de différends n'ont pas eu les résultats escomptés.

Ce que nous devrions faire maintenant :

- **Élaborer une stratégie énergétique nord-américaine.** En reconnaissant leurs politiques et leurs priorités respectives, les trois gouvernements doivent œuvrer ensemble à la sécurité énergétique des personnes des trois pays. Parmi les points à aborder figurent l'expansion et la protection de l'infrastructure énergétique nord-américaine; les possibilités de développement, les obstacles réglementaires et les contraintes en termes de capital technologique et humain, sur l'accélération du développement des ressources énergétiques en Amérique du Nord. Ces objectifs font partie de l'ordre du jour du Groupe de travail nord-américain sur l'énergie créé en 2001 par les dirigeants des trois pays et souligné lors de leur sommet de 2005. Cependant, cette initiative a eu peu de résultats concrets dans le sens de l'élaboration d'une stratégie nord-américaine en ce domaine, et ne concerne pas le pétrole.

- **Développer pleinement les ressources énergétiques mexicaines.** Bien que l'inclination du Mexique à rester intégralement propriétaire de ses ressources stratégiques soit compréhensible, un développement accru et plus efficace de ces ressources est nécessaire pour accélérer la croissance économique du Mexique. Le Mexique perd rapidement du terrain dans son indépendance énergétique, et la seule manière de satisfaire la demande croissante au Mexique est de débloquer son secteur énergétique. Des progrès sont possibles, même avec les contraintes constitutionnelles existantes. Comme nous en avons discuté plus haut, le Canada et les États-Unis pourraient apporter des contributions importantes à cet effort par la mise en place de mécanismes originaux, spécialement au niveau financier, pour apporter au Mexique la technologie et les capitaux dont il a besoin. Cependant, les mesures les plus importantes devront être prises au Mexique par les Mexicains eux-mêmes.

• **Conclure un accord nord-américain sur les ressources.** Pour assurer le plein développement des ressources minières, forestières et agricoles de l'Amérique du Nord, les investisseurs d'un pays doivent avoir l'assurance de ne pas être harcelés par la concurrence dans un autre pays. Pour cela, les trois gouvernements doivent signer un accord reconnaissant l'équilibre entre la sécurité d'approvisionnement et la sécurité d'accès et comportant des règles sur les prix des ressources visant à réduire les frictions qui ont été source de certaines des dissensions bilatérales les plus persistantes et les plus difficiles. L'accord sur les ressources devrait aussi aborder les barrières commerciales existant encore en matière de produits agricoles, dont celles qui proviennent des différences de régimes des trois pays, en matière de garantie des prix et des revenus.

Ce que nous devrions faire d'ici 2010 :

• **Prendre un engagement à l'échelle nord-américaine en faveur d'un environnement plus propre.** L'expansion de la production d'énergie en tant que moteur d'une économie nord-américaine plus concurrentielle et en pleine croissance, apporte avec elle une responsabilité conjointe de parvenir à un environnement plus propre et de réduire la pollution. Par exemple, le Canada a signé le Protocole de Kyoto sur le changement climatique planétaire, qui exige une réduction significative des émissions de gaz à effet de serre, mais cet accord ne concerne pas le Mexique et Washington ne l'a pas signé. Un régime nord-américain concernant l'énergie et les émissions pourrait offrir une alternative régionale au Protocole de Kyoto, laquelle alternative impliquerait les trois pays. Ce régime devrait comporter un système de crédits échangeables sur les émissions dans la région, de façon analogue au Mécanisme de développement propre.

• **Étendre la collaboration tripartite en matière de conservation et d'innovation.** La mise au point de nouvelles technologies et de nouvelles stratégies de conservation est essentielle à la fois pour réduire la pollution et pour tirer le meilleur parti des ressources de l'Amérique du Nord. Actuellement, le Groupe de travail nord-américain sur l'énergie ne se penche que sur un petit nombre de possibilités de collaboration énergétique. À l'avenir, les initiatives devraient porter sur la mise au point de technologies de désalinisation, les sources alternatives d'énergie, les combustibles moins polluants et les moteurs plus efficaces pour les véhicules transportant des passagers.

Créer un espace économique nord-américain

La signature de l'ALÉNA a marqué une nouvelle ère de possibilités élargies pour l'échange et les investissements à travers l'Amérique du Nord. L'Accord de libre échange entre le Canada et les États-Unis fut la pierre d'angle pour l'ALÉNA en fournissant le concept, le cadre de travail et la substance pour la future entente tripartite. L'ALÉNA a éliminé et pas simplement réduit, les tarifs sur tous les biens industriels et, dans la plupart des cas, l'a fait en moins d'une décennie. Il garantissait l'échange agricole sans restriction à l'intérieur d'une période de 15 ans entre le Mexique et les États-Unis, le premier accord à supprimer de telles barrières. Il a ouvert l'échange au niveau d'un grand nombre de services et a fourni la plus haute norme de protection dans le monde de la propriété intellectuelle. Il a établi des règles claires pour protéger les investisseurs et a créé un cadre de travail qui prône la transparence, le respect de la propriété et le respect pour l'État de droit.

Depuis l'entrée en vigueur de l'accord, l'échange entre les trois pays a plus que doublé en valeur et les investissements intra-régionaux se sont accrus encore plus rapidement. Les exportations du Mexique ont grimpé de plus de 250 pour cent et au Canada, elles ont plus que doublé. Le Canada, en soi, est devenu le client le plus important pour 39 états américains. Le Mexique est le premier ou deuxième plus important client de 22 états américains et le deuxième plus grand en général. L'Amérique du Nord est maintenant le plus grand domaine de libre-échange au monde.

L'ALÉNA a autorisé l'accès en franchise de droits à l'intérieur de la région, mais à cause des différents tarifs de chaque pays appliqués aux importations des autres pays, cela nécessitait de lourdes preuves d'origine nord-américaine afin de se qualifier pour l'accès en franchise de droits. Ces règles peuvent faire augmenter les coûts de transactions au point où certains expéditeurs optaient plutôt pour les tarifs multilatéraux. De plus, bien que les mécanismes de résolution de différends de l'ALÉNA ont fait leurs preuves comme moyens fiables pour résoudre la plupart des conflits en matière d'échanges, ils n'ont pas été en mesure de résoudre les controverses à propos du bois d'œuvre résineux, du sucre et de quelques autres produits.

En bref, il reste beaucoup de travail à faire pour créer une zone économique commune en éliminant les tarifs restants et en levant les obstacles non tarifaires aux échanges au sein de l'Amérique du Nord. Les trois pays doivent également étendre leur coopération aux secteurs liés aux échanges, incluant les infrastructures frontalières et de transport; à un effort concerté pour réduire les nombreux écarts réglementaires et les incohérences qui s'ajoutent inutilement au flot des échanges nord-américains; et à un investissement coordonné dans le capital humain nord-américain, sous forme d'éducation et de formation et aussi d'amélioration de la mobilité de la main-d'oeuvre sur le continent.

Les gouvernements nord-américains ont pris des mesures innovatrices en créant le Comité nord-américain du commerce de l'acier (CNACA). Le CNACA repose sur la coopération gouvernement-industrie et se concentre sur l'élaboration de positions communes pour relever les défis auxquels sont confrontés les industries nord-américaines de l'acier. Il reflète le haut niveau de coopération existant au sein du gouvernement et dans l'industrie; les bénéfices substantiels qui découlent des positions nord-américaines communes et coordonnées sur les questions qui touchent au commerce international de l'acier; la reconnaissance que les développements survenant dans un marché, affectent les marchés de l'acier dans les pays partenaires de l'ALÉNA; et que l'on a plus de chance de connaître le succès économique en travaillant ensemble. Le CNACA a été efficace dans l'établissement de positions communes des gouvernements et des industries au sein de l'ALÉNA dans les négociations en matière de commerce international. Le CNACA sert également à assurer une compréhension commune gouvernements-industries des développements du marché de l'acier, y compris les développements dans d'autres pays qui pourraient affecter les marchés nord-américains; il sert aussi à coordonner les actions des gouvernements et des industries dans les domaines de préoccupations communes. Les rapports étroits de coopération et de travail parmi les industries nord-américaines de l'acier et entre les industries et les gouvernements servent de modèle pour les autres secteurs.

Pour créer un espace économique nord-américain qui génère de nouvelles possibilités pour les particuliers, dans les trois pays, le Groupe de travail fait les recommandations suivantes : étudier un marché nord-américain intégré, adopter une approche nord-américaine des règlements, améliorer la mobilité de la main-d'œuvre et augmenter l'appui aux programmes pédagogiques nord-américains.

Établir un marché nord-américain intégré pour le commerce

Avec des barrières tarifaires pratiquement éliminées et les grandes lignes d'une économie nord-américaine visibles, le temps est venu d'adopter une approche plus détaillée du renforcement des possibilités économiques pour les citoyens des trois pays. La première étape consiste à encourager l'harmonisation des taux tarifaires les plus favorables que chaque partenaire impose sur les importations en provenance de l'extérieur de l'Amérique du Nord. Ensuite, les gouvernements devraient réduire ce qui reste des obstacles non tarifaires à la circulation des biens et services et aborder les problèmes qui découlent des plaintes pour discrimination de prix et octroi de subventions par les concurrents en Amérique du Nord. Finalement, ils devraient coordonner leur approche des pratiques commerciales déloyales de la part de fournisseurs étrangers du marché nord-américain. L'objectif ultime serait de créer un marché intégré pour les fournisseurs et les consommateurs, dans toute l'Amérique du Nord.

Les recommandations particulières énoncées ci-dessous nécessiteront que les trois gouvernements aillent au delà des limites des cadres législatif et réglementaire actuels et abordent les éléments restants du projet de libre-échange envers lequel ils se sont engagés dans le cadre de l'ALÉ et de l'ALÉNA. Cela signifiera également qu'ils devront se montrer créatifs dans le traitement des questions difficiles telles que les différentes approches du commerce avec un tiers pays et les modèles contradictoires d'accords de libre-échange qui ont été négociés au cours de la dernière décennie. Les technologies modernes et les modèles plus perfectionnés de production industrielle rendent à la fois possible et intéressant l'exploration de cette prochaine étape sur le chemin du libre-échange.

Non seulement ces objectifs approfondiront et renforciront l'économie de l'Amérique du Nord, mais ils devraient également améliorer la sécurité de la région car si les fonctionnaires frontaliers n'ont plus à contrôler l'origine des produits qui traversent la frontière, ni à se préoccuper d'autres problèmes douaniers de routine, ils pourront affecter davantage de ressources à la recherche et à l'identification des personnes ou des produits dangereux provenant de l'extérieur de l'Amérique du Nord pour en empêcher l'entrée sur le continent.

CE QUE NOUS DEVRIONS FAIRE MAINTENANT :

- **Adopter des tarifs externes communs.** Nous recommandons que les trois gouvernements harmonisent leurs tarifs externes, secteur par secteur, aux niveaux applicables les plus bas, compatibles avec les obligations multilatérales. Il faudrait commencer par les biens sur lesquels les tarifs imposés sont les plus proches et poursuivre avec les écarts plus importants, l'objectif étant d'adopter un tarif externe commun et donc d'éliminer la nécessité de règles sur les origines et de faciliter davantage l'intégration et une utilisation optimum des rares ressources existantes.

- **Revoir les secteurs de l'ALÉNA qui ont été exclus ou les éléments qui n'ont pas été complètement mis en œuvre.** Chacun des trois pays a décidé d'exclure unilatéralement certains secteurs et certains éléments de l'ALÉNA. Certains d'entre eux demeurent sensibles; d'autres sont peut-être mûrs pour un nouvel examen. De plus, plusieurs éléments n'ont pas été mis en œuvre selon ce qui avait été prévu. Quelques changements – comme la négociation d'un accord sanitaire pour promouvoir le commerce agricole, ou l'élargissement de l'accord sur les services dans le cadre de l'ALÉNA, pour y inclure le cabotage – seraient utiles mais aussi difficiles. Nous recommandons une revue à un niveau élevé, pour étudier toutes ces questions et faire des recommandations pour rendre la couverture de l'ALÉNA plus compréhensive.

- **Établir un tribunal permanent nord-américain pour la résolution des différends.** Le processus actuel de résolution des différends de l'ALÉNA repose sur des panels ad hoc qui ne sont pas en mesure de bâtir des mémoires institutionnelles ou d'établir des précédents, qui peuvent être sujets à des conflits d'intérêts et être nommés par des autorités qui peuvent avoir intérêt à retarder certaines poursuites. Comme le démontre l'efficacité du processus d'appel de l'Organisation mondiale du commerce (OMC), un tribunal permanent pourrait encourager des résolutions de différends plus rapides, plus cohérentes et plus prévisibles. En outre, il faut réviser le mécanisme de résolution des différends de l'ALÉNA pour le rendre plus efficace et transparent.

- **Établir une approche conjointe des pratiques commerciales déloyales.** L'utilisation de douanes compensatoires et antidumping par un pays nord-américain contre un autre a provoqué beaucoup de mauvaise volonté, même s'il y a eu une diminution constante de l'utilisation de ce remède : il y a eu peu de nouveaux cas dans les secteurs industriels, les cas les plus difficiles étant restreints au commerce des ressources et de l'agriculture. Le temps est venu d'adopter une approche unifiée pour surmonter les défis internes et externes que posent les pratiques commerciales déloyales, en commençant avec des suspensions par étapes dans les secteurs particuliers des lois qui régissent les pratiques commerciales déloyales.

QUE DEVRIONS-NOUS FAIRE D'ICI 2010 :

- **Établir une commission tripartite sur la concurrence.** Une fois que les trois gouvernements ont conclu l'accord sur les ressources décrit plus haut et ont suspendu progressivement les douanes compensatoires et antidumping dans tous les secteurs, ils devraient également établir une commission tripartite – une agence continentale antitrust – qui se penchera sur les pratiques dangereuses de subventions, encouragera une concurrence saine et protégera les consommateurs contre la fixation de prix abusifs. En même temps, ils devraient

élaborer des normes communes permettant d'identifier et de répondre collectivement aux pratiques commerciales déloyales de la part
de parties à l'extérieur de l'Amérique du Nord.

Adopter une approche nord-américaine de la réglementation

Des différences réglementaires importantes continuent de diviser l'espace économique nord-américain et comme d'autres obstacles au
commerce, tels que les tarifs, sont en train de disparaître dans le monde
entier, l'efficacité réglementaire est en train de devenir de plus en plus
importante en tant que source d'avantage concurrentiel. Le Canada,
les États-Unis et le Mexique ont chacun élaboré des règles pour protéger
leur environnement et le bien-être de leurs citoyens. Tous les trois
partagent les mêmes objectifs généraux, mais leurs règles actuelles ont
largement évolué indépendamment les unes des autres. Dans de nombreux cas, cela a pour résultat ce que l'on a baptisé « la tyrannie des petites
différences », résultat qui entraîne des coûts économiques importants,
même lorsque les objectifs, processus, normes et résultats réglementaires
sont très similaires.

Les coûts les plus évidents des différences réglementaires inutiles
sont payés par des commerces et des consommateurs. Les règles qui
fragmentent le marché nord-américain réduisent les économies d'échelle
et découragent la spécialisation, la concurrence et l'innovation. L'harmonisation des réglementations, en fait, crée un marché plus vaste, suscepti-
ble de rendre les exportations plus concurrentielles et de faire baisser
les prix aux consommateurs, dans toute l'Amérique du Nord.

En plus d'élever les coûts de conformité pour les commerces et
leurs consommateurs, une réglementation fragmentée augmente les
coûts administratifs pour les gouvernements et les contribuables. Les
organismes de réglementation au Canada et au Mexique doivent chacun
essayer d'atteindre les mêmes résultats que leur homologue américain
et, en outre, ne le faire qu'avec une fraction des ressources. De plus,
parce que beaucoup du travail administratif qui en résulte est effectué
aux points de passage des frontières, les différences réglementaires sont
particulièrement dommageables en matière d'impacts sur les délais et
la congestion aux frontières puisque le volume d'échange au sein de
l'Amérique du Nord excède la capacité des infrastructures frontalières.

Finalement, les différences réglementaires peuvent avoir un impact négatif sur ces résultats en matière d'environnement et de santé que les réglementations sont censées encourager. Des délais dans l'approbation d'une vente et la distribution d'un produit novateur peuvent empêcher un accès opportun à de nouveaux produits pharmaceutiques ou de nouvelles technologies médicales qui pourraient sauver des vies ou encore à des nouveaux fertilisants ou produits chimiques susceptibles d'aider les installations industrielles et les agriculteurs à mieux protéger l'environnement.

Une approche collaborative d'une réforme des réglementations pourrait aider les trois pays à étendre leurs possibilités économiques sur le continent nord-américain, tout en renforçant la protection de l'environnement, de la santé, de la sécurité et de tout autre objectif partagé d'une politique réglementaire. Bien que chaque pays doive retenir son droit d'imposer et de maintenir des réglementations uniques, conformes à ses priorités nationales et au niveau des revenus, les trois pays doivent s'efforcer de faire converger leurs réglementations.

Les trois chefs de gouvernement ont souligné l'importance d'aborder cette question, lors de leur sommet au Texas en mars 2005. Le partenariat nord-américain de sécurité et de prospérité qu'ils ont signé reconnaît la nécessité de se concentrer davantage sur le développement de la force économique du continent, en plus d'en assurer la sécurité. À cette fin, il met beaucoup d'emphase sur les questions de réglementation. Les cadres supérieurs des trois pays ont mis sur pied une série de groupes de travail dirigés par des ministres désignés du Cabinet. Ces groupes de travail ont pour mandat de produire un plan d'affaire pour approbation par les chefs de gouvernements dans les 90 jours, avant la fin du mois de juin 2005 et de faire des comptes-rendus réguliers par la suite.

Nous apprécions l'initiative des trois chefs de gouvernement et nous leur demandons instamment d'apporter à cette question les ressources et l'attention qu'elle mérite. Nos propres recherches et nos discussions ont souligné à quel point les progrès dans le développement d'une approche réglementaire nord-américaine sont importants pour aborder les problèmes d'infrastructure aux frontières, la création d'un marché nord-américain transparent, la résolution des problèmes de commerce des ressources et l'établissement de la confiance entre les partenaires dans le domaine de la sécurité. Afin de démontrer les avantages qu'il y a à développer une approche réglementaire nord-américaine, nous offrons trois recommandations pour une intervention précoce :

CE QUE NOUS DEVONS FAIRE MAINTENANT :

- **Assurer la mise en œuvre rapide d'un plan d'action réglementaire pour l'Amérique du Nord.** Les entreprises et les autres parties intéressées doivent travailler en étroite collaboration avec les gouvernements dans les trois pays afin d'identifier les possibilités d'intervention précoce dans les secteurs individuels et les problèmes de processus à plus long terme dont la résolution pourrait avoir un impact majeur dans l'amélioration de la compétitivité nord-américaine et l'augmentation de la protection du peuple et de l'environnement. Pour accélérer le processus, les gouvernements des trois pays devraient commencer par mettre de l'emphase en quantifiant à la fois les coûts associés aux différences réglementaires et les avantages possibles qu'apporteraient diverses formes de convergence des réglementations, y compris l'harmonisation des normes les plus élevées, la reconnaissance mutuelle, la reconnaissance réciproque (dans le domaine des licences), l'interopérabilité, le développement collaboratif de nouvelles normes et l'adoption unilatérale des règles de l'autre pays.

- **S'entendre sur les secteurs prioritaires pour une intervention précoce.** Bien que tous les secteurs de l'économie offriront des possibilités d'une plus grande convergence des réglementations, au fur et à mesure que les écarts rétrécissent, une intervention précoce est nécessaire dans les secteurs où les coûts actuels sont importants et qui tiennent un rôle clé dans la facilitation de l'intégration économique. Le Groupe de travail considère trois secteurs comme priorités immédiates dans le contexte d'amélioration de la compétitivité nord-américaine.

  - **Ciel ouvert et circulation libre.** L'efficacité du réseau de transport est critique par son impact pour rendre l'Amérique du Nord plus concurrentielle pour investir, produire et étaler les avantages d'une croissance économique dans tous les coins du continent. Entre autres les réformes réglementaires, les gouvernements devraient prendre en considération les avantages qu'il y a à autoriser aux entreprises de transport un accès illimité au territoire de chacun y compris la prestation d'un cabotage complet (échange entre deux points à l'intérieur d'un pays, par exemple, un camionneur canadien qui transporte une cargaison de Chicago à Los Angeles ou une ligne américaine transportant des passagers entre les villes de Mexico et Monterrey) pour les lignes aériennes et les transporteurs de surface.

○ **« Testé une fois » pour la biotechnologie et les produits pharmaceutiques.** Le coût et la qualité des soins de santé sont une question critique dans les trois pays. La biotechnologie et les produits pharmaceutiques jouent un rôle vital pour fournir de nouveaux traitements qui améliorent les résultats en matière de santé et souvent réduisent également les coûts; ils font face à des coûts énormes pour développer de nouveaux produits puis obtenir l'approbation réglementaire. La recherche préliminaire suggère que la coopération réglementaire dans les domaines de médicaments humanitaires et vétérinaires, les dispositifs médicaux, la protection phytosanitaire et les produits chimiques augmenteraient la présente valeur des ventes dans ces secteurs de plus de 10 pour cent, des profits de 8 pour cent et un taux de retour sur investissement de 4,8 pour cent. Deux approches possibles pour réduire le fardeau réglementaire tout en maintenant des normes rigoureuses pour protéger la santé et la sécurité, seraient d'adopter le principe « testé une fois », selon lequel un produit testé dans un pays pourrait répondre aux normes établies par un autre, ou d'établir un centre d'essai de l'Amérique du Nord avec du personnel de chacun des trois pays.

○ **Intégrer la protection alimentaire, sanitaire et environne-mentale.** Le marché nord-américain pour les produits agricoles et alimentaires est hautement intégré et une perturbation intense de ce marché par l'apparition de deux cas unique de la maladie de la vache folle a démontré la nécessité d'assurer que les processus réglementaires sont aussi intégrés que les marchés auxquels ils s'appliquent. Une plus grande coopération nord-américaine est

également essentielle pour fournir une réponse efficace aux menaces sur la santé humaine et animale et sur l'environnement.

- **Faire de la norme nord-américaine l'approche par défaut de
la nouvelle réglementation.** Tout en poursuivant un effort agressif
pour éliminer les différences de réglementation existantes, le plus
rapidement possible, il est également important pour les organismes de
réglementation dans les trois pays de prendre en compte la dimension
nord-américaine lors de la rédaction de nouvelles règles pour aller
de l'avant. À cette fin, le Partenariat nord-américain pour la sécurité
et la prospérité devrait être utilisé pour établir un nouveau mécanisme
afin de permettre une plus grande collaboration et une plus grande
consultation entre les trois pays, à tous les niveaux de gouvernement,
au fur et à mesure que de nouvelles règles sont élaborées et adoptées.
Chaque juridiction retiendrait son droit souverain pour façonner les
règles à l'intérieur de ses frontières mais en principe, des réglementations spécifiques aux pays ne devraient être adoptées que lorsqu'il
n'existe aucune approche internationale ou nord-américaine, que
lorsqu'il y a des circonstances ou des priorités nationales ou dans le
cas où il existe un manque de confiance bien fondé dans les pratiques
réglementaires des autres partenaires. Le nouveau mécanisme trinational devrait également être chargé d'identifier des moyens conjoints
d'assurer l'application constante des nouvelles règles au fur et à mesure
qu'elles sont élaborées.

Accroître la mobilité de la main-d'oeuvre en Amérique du Nord

Les gens sont l'actif le plus important de l'Amérique du Nord. Les
biens et les services traversent facilement les frontières; il a été plus
difficile d'assurer la circulation légale des travailleurs nord-américains.
L'expérience faite avec le système de visas de l'ALÉNA suggère que
ses procédures ont besoin d'être simplifiées et que ces visas devraient
être accordés pour une gamme plus étendue de métiers et à d'autres
catégories de gens comme les étudiants, les enseignants, les visiteurs
fréquents et de bonne foi ainsi que les retraités.

Pour pouvoir tirer le maximum de profit de l'extraordinaire somme
de compétences et de talents que l'on trouve en Amérique du Nord,
les trois pays devraient dépasser le système de visas de l'ALÉNA. Le

nombre considérable de migrants sans papiers venant du Mexique et entrant aux États-Unis est un problème que les deux pays doivent régler de toute urgence. Un objectif à long terme, pour les trois pays, pourrait être de créer une « préférence nord-américaine », avec de nouvelles règles qui faciliteraient considérablement la circulation de travailleurs et le recrutement, par les employeurs, à travers les frontières nationales à l'intérieur du continent. Cela permettrait d'accroître la compétitivité nord-américaine, d'augmenter la productivité, de contribuer au développement du Mexique et de trouver une solution à l'une des principales questions toujours non réglées des négociations bilatérales entre les États-Unis et le Mexique.

Le Canada et les États-Unis devraient envisager de lever les restrictions sur la mobilité de la main-d'oeuvre et de chercher des solutions susceptibles, à long terme, d'étendre au Mexique la mobilité totale de la main-d'oeuvre.

CE QUE NOUS DEVRIONS FAIRE MAINTENANT :

- **Élargir les programmes relatifs aux travailleurs migrants temporaires.** Le Canada et les États-Unis devraient élargir les programmes de migration à partir du Mexique pour travail temporaire. Par exemple, le modèle canadien réussi de gestion d'une migration saisonnière dans le secteur agricole, serait étendu à d'autres secteurs dans lesquels les producteurs canadiens font face à un manque de main-d'oeuvre, alors que le Mexique dispose d'un surplus de main-d'oeuvre possédant les aptitudes recherchées. Les retraités canadiens et américains qui vivent au Mexique, devraient pouvoir travailler dans certains domaines, comme professeurs d'anglais par exemple.

- **Appliquer l'entente sur la totalisation de la sécurité sociale négociée entre les États-Unis et le Mexique.** Cette entente vise à reconnaître les contributions faites dans l'un et l'autre système afin d'éviter toute double imposition.

CE QUE NOUS DEVRIONS FAIRE D'ICI 2010 :

- **Créer une « préférence nord-américaine ».** Le Canada, les États-Unis et le Mexique devraient s'entendre sur des règles simplifiées d'immigration et de mobilité de la main-d'oeuvre, permettant aux nationaux des trois pays de travailler ailleurs en Amérique du Nord et d'avoir beaucoup moins de restrictions que les immigrants venant d'autres pays. Ce nouveau système serait à la fois plus étendu et plus simple que le système actuel de visas de l'ALÉNA. Un statut spécial d'immigrant devrait être accordé aux enseignants, aux professeurs d'université ou de collège et aux étudiants, dans la région.

• **Instaurer une mobilité totale de la main-d'oeuvre entre le Canada et les États-Unis.** Afin de rendre les entreprises en Amérique du Nord aussi concurrentielles que possible, dans l'économie mondiale, le Canada et les États-Unis devraient envisager d'éliminer tous les obstacles restants afin de permettre à leurs nationaux de vivre et de travailler dans l'autre pays. Ce libre flot de gens apporterait un avantage important aux employeurs des deux pays en leur donnant un accès rapide à une main-d'oeuvre qualifiée plus nombreuse et améliorerait le bien-être des personnes dans les deux pays en leur permettant de se rendre rapidement et facilement là où leurs compétences seraient en demande. À long terme, les deux pays devraient étendre cette politique au Mexique, mais ce ne sera guère faisable avant que les différences existant entre les niveaux des salaires au Mexique et chez ses deux voisins nord-américains aient considérablement diminué.

• **Reconnaissance mutuelle des normes et diplômes professionnels.** Dans chacun des trois pays, les associations professionnelles décident des normes à imposer pour accepter les professionnels des autres pays. Mais bien que l'ALÉNA encourage déjà la reconnaissance mutuelle des diplômes professionnels, pratiquement rien n'a été fait dans ce domaine. Les trois gouvernements devraient donner l'exemple, affecter plus de ressources et prendre des mesures incitatives pour encourager leurs associations professionnelles respectives à mettre au point des normes communes qui faciliteraient, à court terme, la mobilité de la main-d'oeuvre professionnelle en Amérique du Nord.

Appuyer un programme d'éducation nord-américain

Étant donnés leurs liens historiques, culturels, géographiques, politiques et économiques, les pays d'Amérique du Nord devraient posséder le réseau d'échange pédagogique le plus vaste et le plus vibrant du monde. Ce n'est certainement pas le cas actuellement.

Bien que le Mexique soit le deuxième plus important partenaire économique des États-Unis, il est seulement au septième rang par le nombre d'étudiants qu'il y envoie. En 2004, seulement 13 000 étudiants mexicains des premier et deuxième cycles sont allés dans des universités américaines. Dans le même ordre d'idée, le Canada qui est le plus important partenaire économique des États-Unis n'est pourtant que cinquième dans les échanges d'étudiants avec seulement 27 000 étudiants canadiens dans les collèges et universités américaines, loin derrière les 80 000 étudiants de l'Inde qui est suivie par la Chine, la Corée du Sud et le Japon. Au Canada, le nombre d'étudiants mexicains reste très faible-environ 1 000. Alors que les étudiants américains étudient partout dans le monde, relativement peu d'entre eux vont au Mexique et au Canada. Ces chiffres devraient augmenter considérablement si l'on veut approfondir la familiarisation et augmenter la connaissance que les trois pays ont l'un de l'autre.

CE QUE NOUS DEVRIONS FAIRE MAINTENANT :

- **Créer un fonds important de bourses d'étude pour étudiants des cycles primaire et secondaire, pour leur permettre de poursuivre des études dans les deux autres pays d'Amérique du Nord et d'apprendre les trois langues de la région.** Pour de nombreux étudiants, des études hors de leur pays ne sont possibles qu'avec une aide financière, mais de nombreuses bourses d'études incluant le *Fund for the Improvement of Post-Secondary Education (FIPSE),* qui a financé des bourses dans les trois pays nord-américains, ont été réduites ou interrompues. On devrait encourager et développer les études transfrontalières en Amérique du Nord pour les étudiants canadiens, américains et mexicains afin de mieux refléter le niveau de nos échanges commerciaux. Pour illustrer l'échelle de cette proposition, cela voudrait dire environ 60 000 étudiants mexicains venant aux États-Unis et au Canada et des nombres comparables d'étudiants canadiens et américains étudiant dans un des deux autres pays d'Amérique du Nord. Nous invitons instamment les gouvernements des états, des provinces et le gouvernement fédéral à financer ces bourses d'étude, dès maintenant. Une approche possible consisterait à étendre les programmes Fulbright. Les bourses devraient inclure des « cours de langues en immersion » dans chacun des trois pays, en espagnol, en français et en anglais, et devraient encourager les étudiants à étudier dans les trois pays.

- **Développer un réseau de centres d'études nord-américaines.** L'Union européenne soutient des Centres de l'U.E. dans 15 universités aux États-Unis, ainsi que 12 chaires Jean Monnet. Ces centres, qui sont financés à l'aide de subventions annuelles de l'ordre de 250 000 $ chacune, offrent des conférences, initient des cours et de la recherche sur l'Union européenne et parrainent des échanges d'étudiants et de professeurs avec des universités européennes. Le *Department of Education* des États-Unis accorde des subventions similaires pour l'étude des langues et les études internationales en dehors de l'Amérique du Nord, mais pas à l'intérieur. Il faudrait que cela change.

  Nous recommandons que les trois gouvernements ouvrent un concours et accordent des subventions aux universités, dans chacun des trois pays, pour promouvoir des cours, de l'éducation et de la recherche sur l'Amérique du Nord et aider les écoles primaires et secondaires à développer un enseignement sur l'Amérique du Nord. Ils peuvent aussi administrer des programmes de bourses d'étude. Pour soutenir cet effort, un sommet d'étudiants devrait avoir lieu périodiquement dans chacun des trois pays.

- **Promouvoir l'apprentissage par Internet, à l'intérieur de l'Amérique du Nord.** Un moyen naturel de canaliser la communication entre le Canada, les États-Unis et le Mexique, serait de le faire à l'aide d'outils d'apprentissage axés sur Internet. Des exemples actuels de ces outils incluent le programme *Historica Foundation's YouthLinks*, au Canada, qui permet aux élèves du secondaire de correspondre avec leurs homologues dans d'autres régions du Canada et dans le monde entier; le *School Connectivity Program (SCP)* lancé par le Département d'État américain et qui installe des ordinateurs avec accès à Internet dans les écoles à travers le pays qui ont peu ou pas accès à la technologie informatique. Il faudrait étendre ce programme SCP au Mexique et au Canada.

- **Développer des échanges et des programmes de formation pour les enseignants du primaire et du secondaire.** Cela aiderait à faire tomber les obstacles linguistiques et contribuerait à donner à certains étudiants un sens plus profond d'appartenance à l'Amérique du Nord. De plus grands efforts devraient aussi être faits pour recruter des professeurs de langue mexicains pour enseigner l'espagnol aux États-Unis et au Canada.

- **Développer des programmes de « jumelage d'écoles » et d'échange d'étudiants.** Étudier ou vivre dans un autre pays ou encore recevoir un étudiant étranger dans un cadre d'échange, favorise une meilleure compréhension culturelle. Nous recommandons que les états et les municipalités encouragent les programmes de « jumelages d'écoles », aux niveaux secondaire et universitaire, et d'y inclure les échanges annuels d'étudiants entre écoles participantes.

- **Encourager des façons imaginatives de développer des connections nord-américaines.** Les fondations et les instituts de recherche peuvent orienter la façon dont les institutions privées et publiques adoptent de nouveaux concepts comme celui d'une communauté nord-américaine. Nous encourageons les fondations et les instituts de recherche à fournir soutien et recherche pour aborder les questions qui intéressent le continent et développer des programmes d'éducation qui permettraient aux citoyens de nos trois pays de se voir autrement que par le passé.

De la vision à l'action : Institutions pour guider les relations tripartites

Des progrès véritables demanderont de nouvelles structures et ententes institutionnelles pour conduire le programme et gérer les relations plus approfondies qui en résulteront.

Le Canada, les États-Unis et le Mexique partagent déjà un riche réseau de liens institutionnels. Une étude récente du gouvernement canadien a identifié 343 traités officiels et des milliers d'ententes informelles avec les États-Unis seulement. Le Mexique a plus de 200 traités et accords officiels avec les États-Unis. Il y a beaucoup moins d'ententes entre le Canada et le Mexique, mais le réseau de contacts est malgré tout important et il continue de se développer.

Ce qu'il faut maintenant, c'est un petit nombre de nouvelles institutions pour appliquer plus d'énergie et davantage d'orientation aux ententes existantes. À cette fin, le Groupe de travail recommande les changements institutionnels suivants, lesquels se complètent les uns les autres :

Ce que nous devrions faire maintenant :

- **Instaurer un sommet annuel nord-américain.** Il n'y a pas de moyen à la fois plus concis ou plus puissant de démontrer aux peuples des trois pays l'importance du partenariat nord-américain que des rencontres au moins une fois par an entre les présidents américain et mexicain et le premier ministre du Canada.

- **Renforcer les structures gouvernementales.** Pour s'assurer que les rencontres au sommet atteignent leur plein potentiel, chacun des trois gouvernements doit faire le nécessaire pour renforcer les capacités de ses structures internes, afin qu'elles soient en mesure d'aborder les questions nord-américaines avec efficacité et imagination. Cela voudrait dire : renforcer les liens entre les gouvernements comme les trois chefs de gouvernement l'ont fait lorsqu'ils se sont rencontrés au Texas, en mars 2005, en mettant sur pied des groupes de travail menés par un ministre, qui devront rendre compte dans les 90 jours et devront se réunir régulièrement.

- **Créer un conseil consultatif nord-américain.** Afin d'apporter régulièrement une énergie créatrice dans les divers efforts mis dans l'intégration nord-américaine, les trois gouvernements devraient nommer un groupe indépendant de conseillers. Ce groupe se composerait de personnes éminentes venant de l'extérieur des gouvernements et nommées pour des termes décalés de plusieurs années, afin de protéger leur indépendance. Leur mandat serait de s'engager dans une exploration créatrice d'idées nouvelles dans une perspective nord-américaine. Une approche complémentaire consisterait à mettre sur pied des organismes privés qui se réuniraient régulièrement ou annuellement pour étayer les relations nord-américaines, en s'inspirant des conférences de Bilderberg ou de Wehrkunde, dont le but était de soutenir les relations transatlantiques.

• **Créer un groupe interparlementaire nord-américain**. Le Congrès américain joue un rôle clé dans la politique américaine vis à vis le Canada et le Mexique; ses membres rencontrent annuellement leurs homologues canadiens et mexicains. Il n'existe pas de programme nord-américain, actuellement. Une faible participation risque d'affecter les échanges interparlementaires bilatéraux, surtout s'il y manque les législateurs les plus influents. Le Groupe de travail recommande que les réunions bilatérales aient lieu tous les deux ans et que les trois partenaires nord-américains créent un groupe interparlementaire tripartite qui se réunirait aussi tous les deux ans entre les réunions bilatérales. Le Conseil consultatif nord-américain établirait un ordre du jour et fournirait un soutien pour ces réunions. Afin d'impliquer les parlementaires seniors, des membres du Cabinet pourraient participer, à l'occasion, lorsque l'ordre du jour toucherait leur domaine de responsabilité.

Conclusion

Les défis mondiaux, auxquels l'Amérique du Nord est confrontée, ne peuvent pas être relevés unilatéralement ni même bilatéralement, non plus qu'à travers les modèles existants de coopération. Ils demandent une coopération approfondie basée sur le principe énoncé conjointement en mars 2005 par le Canada, le Mexique et les États-Unis, selon lequel « notre sécurité et notre prospérité sont mutuellement dépendantes et complémentaires. »

L'établissement, d'ici 2010, d'une communauté économique et de sécurité pour l'Amérique du Nord, est un objectif ambitieux mais réalisable, qui est en harmonie avec ce principe; plus important encore, il étaye les buts et les valeurs des citoyens de l'Amérique du Nord qui ont un désir commun de sociétés offrant des conditions de sécurité physique et matérielle, de la prospérité et des possibilités de développement économique, ainsi que des institutions démocratiques solides.

Déclarations supplémentaires et points de désaccord

Il y a plusieurs aspects de ce rapport qui exigent notre appui, plus spécifiquement l'objectif de créer une communauté nord-américaine qui inclurait un Mexique pleinement développé. J'ai été particulièrement touché par la demande du Groupe de travail de préparer un document sur l'éducation. Mais il y a des points clés sur lesquels je suis en désaccord. Les états vont quelquefois renoncer à la souveraineté individuelle en faveur d'une approche commune ou conjointe parce que c'est une façon plus simple de résoudre un problème. Mais en échange, les bénéfices doivent l'emporter sur les coûts. Je ne suis pas convaincu que les bénéfices d'un périmètre commun de sécurité valent les risques d'harmonisation des réglementations au niveau des visas et de l'asile politique. Les problèmes survenus dans le cas Arar, par exemple, en démontre les dangers. Au niveau de l'environnement, le projet de détournement de l'eau du Dakota du nord menace ses voisins du Manitoba et ignore le traité concernant les frontières de l'eau de 1909. L'engagement pour un environnement plus sain en Amérique du Nord doit être plus fort et ne peut certainement pas attendre jusqu'en 2010. En conclusion, je ne suis pas d'accord avec les révisions de certaines parties de l'ALÉNA qui furent initialement excluent : la protection culturelle et l'interdiction de l'exportation de l'eau en grande quantité devraient rester une jurisprudence nationale et non conjointe.

Thomas S. Axworthy

97

Je soutiens le rapport du Groupe de travail et ses recommandations visant à construire une Amérique du Nord plus sécuritaire et plus prospère. La prospérité économique et la notion d'un monde à l'abri du terrorisme et d'autres menaces envers sa sécurité sont sans aucun doute indissolublement liées. Les gouvernements jouent un rôle précieux sur ces deux aspects, mais nous devons souligner la nécessité impérative que l'investissement économique soit mené et poursuivi par le secteur privé. Il n'existe pas force aussi efficace que le marché pour aligner les incitatifs, obtenir des capitaux et produire des résultats que les marchés financiers et les entreprises florissantes. Ceci est absolument nécessaire pour apporter un niveau de vie élevé pour les plus pauvres d'entre nous, ce qui est l'aune à laquelle nous devrions juger notre succès. Pour cela, les fonds d'investissements et les mécanismes de financement devraient être considérés comme des instruments attrayants par les instances chargés de l'affectation des capitaux, et ne devrait être élaborés qu'en conjonction avec les participants du marché.

Heidi S. Cruz

Pour des raisons d'organisation louables, une des recommandations les plus importantes dans le rapport du Groupe de travail se trouve dans les dernières pages : l'appel à un sommet annuel des dirigeants nord-américains. Je souhaite en souligner l'importance ici aussi.

Un sommet annuel des dirigeants nord-américains fera davantage pour notre but de créer une communauté nord-américaine que n'importe laquelle des autres recommandations du rapport. Comme nous l'avons vu avec les sommets annuels du groupe des Sept/Huit (G-7/8) et de l'APEC, des réunions régulières des dirigeants non seulement aident à promouvoir le sentiment d'une communauté et d'objectifs communs, mais forcent chaque année les administrations des pays concernés à y œuvrer. Qu'il s'agisse de sécurité, d'éducation ou d'intégration économique et de développement, les sommets annuels seront le moteur d'un processus qui nous ferons atteindre plus vite les buts soulignés dans notre rapport. Plus précisément, un sommet annuel peut être annoncé et réalisé immédiatement, ce qui donnera un élan substantiel au bon départ pris au sommet en mars 2005.

Nelson W. Cunningham
avec
Wendy K. Dobson

Le Groupe de travail a fait un excellent travail mais j'aimerais apporter deux clarifications :

Le rapport devrait appeler le Canada, le Mexique et les États-Unis à se doter d'une protection douanière commune envers les importations selon le principe de la nation la plus favorisée, et non une barrière externe commune. Chacun de ces pays a négocié tout un réseau d'accords de libre-échange qui rendra impossible l'application d'une barrière externe commune. Je serais tout à fait en faveur du seul modèle de barrière externe commune possible : l'absence de douanes sur les biens quels qu'ils soient, en appliquant le principe de la nation la plus favorisée.

Je comprends l'envie de disposer d'un tribunal permanent pour la résolution des différends, mais je pense qu'il est inutile pour les différends commerciaux. J'appuie plutôt l'appel du Groupe de travail en faveur d'une amélioration du mécanisme de résolution de différends de l'ALÉNA pour éviter l'influence qu'ont actuellement les considérations politiques sur le choix des membres du groupe d'arbitrage.

Luis de la Calle Pardo

Je soutiens les recommandations consensuelles formulées dans ce rapport du Groupe de travail. Si elles sont mises en œuvre, elles amélioreront la prospérité et, à un moindre degré, la sécurité des trois pays. Je constate que les recommandations d'ordre économique du rapport sont beaucoup plus vastes et détaillées que celles concernant la sécurité. Cette différence est compréhensible puisque le rapport est basé sur un consensus, mais je crois que les trois pays devraient augmenter leur coopération sur un éventail encore plus large de questions de sécurité nationale et domestique, incluant les forces de l'ordre, les renseignements, la sécurité du transport, la protection critique des infrastructures, la défense contre les menaces biologiques, chimiques, radiologiques et nucléaires et les missiles balistiques et les incidents de gestion. Au moment où les trois gouvernements examineront ce rapport et réfléchiront à la meilleure façon de parvenir à une Amérique du Nord plus en sécurité et plus prospère, j'invite fortement à faire un lien étroit entre la mise en œuvre de l'ordre du jour économique décrit dans le rapport et celle d'un ordre du jour de sécurité renforcé. Comme les États-Unis ont relativement moins à gagner d'une réforme économique trilatérale, et relativement plus à gagner d'une réforme trilatérale de la sécurité, le gouvernement américain devrait notamment insister sur l'égalité entre les aspects économiques et de sécurité dans l'ordre du jour.

Richard A. Falkenrath

Je reconnais l'emphase que met Richard Falkenrath sur l'importance du lien entre les questions de sécurité et d'économie.

Allan Gotlieb

L'intégration nord-américaine doit profiter au citoyen ordinaire. Une augmentation des échanges commerciaux et des flux d'investissement n'améliorera le niveau de vie de la majorité de la population que lorsque des politiques publiques adéquates seront en place pour encourager la cohésion économique et sociale.

La cohésion économique et sociale au Mexique va dans le sens de l'intégration nord-américaine, parce qu'elle aura pour résultat une expansion du marché national et réduira le flux de migrants allant vers le Nord sans autorisation, ce qui apportera un surplus de sécurité au Mexique, aux États-Unis et au Canada.

Les réformes visant à réduire la pauvreté et l'inégalité au Mexique doivent commencer au Mexique même. Le Mexique doit se concentrer sur les buts suivants : l'éducation primaire pour tous; l'égalité des sexes et le pouvoir des femmes; la construction de réseaux d'infrastructure intégrés, d'approvisionnement en eau et d'assainissement; mettre la science, la technologie et l'innovation au service du développement; et la promotion de la durabilité environnementale. Comme l'ont dit de nombreux Mexicains, il est essentiel d'augmenter l'assiette fiscale et de renforcer l'agence antitrust du pays et sa capacité réglementaire pour augmenter la compétitivité. Le gouvernement doit bâtir l'infrastructure humaine, physique et institutionnelle qui permettra à tous et un chacun de profiter de l'intégration nord-américaine.

La citoyenneté économique et sociale en Amérique du Nord impli-
que la possibilité pour les citoyens d'influer sur la mise en place d'une
politique économique inclusive dans leur pays et de participer à l'économie internationale. Dans la mesure où les citoyens des trois pays partenaires comprendront que l'intégration nord-américaine leur apporte des
avantages concrets, une nouvelle base citoyenne sera hautement motivée
pour soutenir ces efforts dans les prochaines années.

Carlos Heredia

Le rapport du Groupe de travail est bien rédigé et très constructif.
Il formule de nombreuses suggestions importantes et précieuses qui
renforceront la prospérité, la sécurité et la bonne gouvernance dans
l'ensemble de la région. J'ai seulement des réserves sur le calendrier
correspondant à deux des recommandations.

Tout d'abord, par rapport au Fonds d'investissement nord-américain
que le Groupe de travail recommande d'établir *dès maintenant* pour
améliorer l'infrastructure et l'éducation au Mexique, je crois que nous
ne devrions créer ce Fonds qu'*après* que le Mexique ait adopté les
politiques recommandées par le Groupe de travail comme étant nécessai-
res pour faire progresser son développement économique. Selon moi,
un Fonds de développement devrait renforcer les efforts entrepris par
le Mexique pour faire avancer son développement économique, mais
ne pas les précéder.

Deuxièmement, bien que j'appuie tout à fait la recommandation
selon laquelle les trois gouvernements devraient coordonner leur approche envers les pratiques de commerce déloyal, je conseillerais de nommer
dès maintenant la Commission sur la concurrence tripartite mentionnée
dans la recommandation (et non en 2010) et de lui confier la responsabilité de déterminer la meilleure façon de parvenir à une approche unifiée
du commerce déloyal, sur le plan externe et interne. Des suspensions
échelonnées sont une approche possible, mais la Commission devra
aussi envisager des règles à appliquer au cas où des subventions seraient
versées par un gouvernement non situé en Amérique du Nord ou

par le gouvernement d'une municipalité, d'un État ou d'un pays en Amérique du Nord même.

> *Carla A. Hills*
> avec
> *Wendy K. Dobson*
> *Allan Gotlieb*
> *Gary C. Hufbauer*
> *Jeffrey J. Schott*

Ce rapport tente de faire des recommandations pragmatiques et concrètement applicables par les parties concernées.

Comme il aborde les institutions, la première étape pratique doit consister à utiliser, soutenir et dynamiser les institutions existantes, comme la Commission nord-américaine sur la coopération en matière d'environnement. Disposant d'un large mandat sur les questions de commerce et d'environnement, elle fournit des moyens et des mécanismes originaux de participation publique. Elle devrait être l'objet d'une plus grande attention de la part des trois gouvernements et d'un soutien financer plus soutenu.

> *Pierre Marc Johnson*

J'appui avec enthousiasme les conclusions du Groupe de travail et je suis en accord avec la majorité des recommandations de ce rapport. En même temps, je suis inquiet que le rapport ne se préoccupe pas assez d'alléger les coûts d'une intégration régionale et comment les bénéfices d'une intégration pourraient être distribués de façon plus équitable. Comme résultat, le Groupe de travail semble proposer une forme d'intégration qui générera un grand nombre de perdants ainsi que de gagnants. Par exemple, le rapport ne fait mention d'aucun moyen compensatoire ou de redressement au niveau des politiques sociales par aucun des trois gouvernements, particulièrement le Canada et les États-Unis. Il suggère encore moins un mécanisme tripartite pour venir en aide à ceux qui seront affectés par l'intégration économique. Plutôt, le rapport semble prendre pour acquis que l'intégration économique bénéficie toujours le citoyen moyen. Cette supposition doit être mesurée avec une compréhension de la façon dont se joue l'intégration dans le monde réel. Par exemple, il y a des économies à grande échelle qui font partie du commerce internationale, ce qui donne avantage aux grandes firmes plutôt qu'aux plus petits producteurs. Dans ce contexte, des politiques pour venir en aide aux petites entreprises, parmi d'autres mesures de rattrapage, méritent une plus grande considération.

La communauté prônée par le Groupe de travail, la recommande fortement, mais ce n'est pas la seule communauté nord-américaine qui devrait être créée. Finalement, l'appel et le succès d'une intégration régionale dépendra comment un partenariat nord-américain plus approfondit servira vraiment l'intérêt des citoyens moyens dans les trois pays.

Chappell H. Lawson

J'appuie le rapport du Groupe de travail avec l'exception des sections concernant la migration et la sécurité. En ce qui concerne l'énergie, je crois que toute discussion à ce sujet devrait tenir compte du droit de souveraineté de chaque nation à définir sa propre stratégie.

Beatriz Paredes

Ce rapport formule une vision et propose des idées précises pour renforcer l'intégration nord-américaine. Je le soutiens avec enthousiasme, mais j'ajouterais deux idées pour galvaniser l'effort et mieux assurer sa mise en œuvre : une union douanière et une réorganisation du gouvernement des États-Unis.

Le rapport recommande que les trois gouvernements négocient un accord douanier commun secteur par secteur, mais certains secteurs en bloqueront la conclusion, ce qui laissera telles quelles les encombrantes règles sur les origines. Paradoxalement (mais cela a été le cas pour l'ALÉNA), un objectif ambitieux a plus de chance de réussir qu'un objectif timide. Nous devrions négocier une Union douanière d'ici cinq ans. C'est le seul moyen pour éliminer les règles sur les origines.

Ce ne sera pas facile, mais ce ne sera pas plus dur que l'ALÉNA, et la mobilisation du soutien à une Union douanière dynamisera l'ensemble du projet nord-américain.

L'intégration nord-américaine a subtilement créé un ordre du jour national de portée continentale. Le gouvernement des États-Unis n'est pas organisé d'une façon à permettre de répondre à cet ordre du jour de façon imaginative. Face à des compromis difficiles entre les intérêts privés et les intérêts nord-américains, nous tendons à choisir la voie du privé, dans une perspective étroite. Ceci explique la frustration du Canada et du Mexique. Pour remédier à ce problème chronique, le Président Bush devrait nommer un Assistant spécial sur les affaires nord-américaines chargé de présider un comité du Cabinet qui recommandera des moyens de donner le jour à une Communauté nord-américaine. Une directive présidentielle devrait soutenir une telle initiative en demandant au Cabinet de privilégier l'Amérique du Nord.

Robert A. Pastor

Les membres du Groupe
de travail

Pedro Aspe est chef de la direction de Protego, importante société mexicaine de conseil en investissements bancaires. M. Aspe a été récemment ministre des Finances du Mexique (1988–94). Il a aussi été professeur d'économie à l'Institut Technologique Autonome du Mexique (ITAM) et a occupé de nombreux postes au sein du gouvernement mexicain.

Thomas S. Axworthy* est président du Centre pour l'Étude de la démocratie de l'université Queen's. De 1981 à 1984, le Dr Axworthy a été secrétaire principal du Premier ministre du Canada, Pierre Trudeau. Depuis 2001, il est président de la Asia Pacific Foundation of Canada.

Heidi S. Cruz* est spécialiste des activités bancaires d'investissement énergétique chez Merrill Lynch à Houston, au Texas. Elle a travaillé à la Maison Blanche durant le mandat de George Bush, dans l'équipe de la Dre Condoleezza Rice, au poste de directrice économique pour l'Hémisphère Ouest au Conseil National de Sécurité, directrice du Bureau de l'Amérique latine du Département du Trésor des États-Unis

N.B.: Les membres du Groupe de travail y participent à titre individuel et non dans leurs fonctions institutionnelles.

* Cet individu a appuyé le rapport et soumis une déclaration supplémentaire ou une différence d'opinion.

et adjointe spéciale de l'ambassadeur Robert B. Zoellick, représentant commercial des États-Unis. Avant de travailler au gouvernement, Mme Cruz a été spécialiste des services bancaires d'investissement chez J.P. Morgan à New York.

Nelson W. Cunningham* est codirecteur de la société de conseil stratégique international Kissinger McLarty Associates. Il a été conseiller de la campagne présidentielle de John Kerry en 2004 pour les questions d'économie internationale et de politique étrangère, et a travaillé auparavant à la Maison Blanche pour Bill Clinton en tant que conseiller spécial du Président pour les Affaires de l'Hémisphère Ouest. Il a été auparavant avocat à la Maison Blanche, avocat général de la Commission des lois du Sénat pendant le mandat de président de Joseph Biden, et procureur fédéral à New York.

Thomas P. d'Aquino est chef de la direction du Conseil canadien des chefs d'entreprise (CCCE), organisme regroupant 150 dirigeants d'entreprises canadiennes de premier plan. Avocat, entrepreneur et stratège, il a occupé le poste d'adjoint spécial du Premier ministre du Canada et a été professeur associé de droit enseignant le droit du commerce international. Il est à la tête de l'Initiative nord-américaine de sécurité et de prospérité lancée par le CCCE en 2003.

Alfonso de Angoitia est vice-président exécutif et président du Comité des finances de Grupo Televisa, S.A. Il est également membre du Conseil d'administration et du Comité exécutif de la société depuis 1997, et en a été le directeur financier (1999–2003). Avant de rejoindre Grupo Televisa, S.A, il a été collaborateur du cabinet d'avocat de Mijares, Angoitia, Cortés y Fuentes, S.C. à Mexico.

Luis de la Calle Pardo* est directeur général et associé fondateur diez De la Calle, Madrazo, Mancera, S.C. Il a été sous-secrétaire pour les négociations commerciales internationales au ministère mexicain de l'Économie et a négocié pour le Mexique plusieurs accords bilatéraux de libre-échange et plusieurs accords régionaux et multilatéraux avec l'Organisation mondiale du commerce. En tant que ministre du Commerce et de l'ALÉNA à l'ambassade du Mexique à Washington, il a participé à la définition et à la mise en œuvre de l'Accord de libre-échange nord-américain.

Wendy K. Dobson* est professeure et directrice de l'Institut des affaires internationales de la Rotman School of Management à l'université de Toronto. Elle a été présidente du C. D. Howe Institute et sous-ministre adjointe des Finances au Gouvernement du Canada. Elle est vice-présidente du Conseil canadien sur la reddition de comptes et administratrice non dirigeante de plusieurs grandes entreprises.

Richard A. Falkenrath* est actuellement chercheur invité de la Brookings Institution. Auparavant, il a été conseiller adjoint pour la Sécurité intérieure et assistant spécial du Président, et directeur principal de la Politique et des plans au Bureau de la sécurité du territoire de la Maison Blanche. Il est également directeur principal de Civitas Group LLC, une société de conseil stratégique et de services d'investissement au service du marché de la sécurité du territoire, analyste de sécurité pour Cable News Network (CNN) et membre du Comité consultatif d'affaires d'Arxan Technologies.

Rafael Fernández de Castro est le fondateur et le chef du Département des Études internationales de l'Instituto Tecnológico Autónomo de México (ITAM). Le Dr Fernández de Castro est rédacteur en chef de *Foreign Affairs en Español*, magazine homologue de *Foreign Affairs*. Il publie aussi des articles dans *Reforma* et dans l'hebdomadaire *Proceso*.

Ramón Alberto Garza est président et directeur général de Montemedia, société conseil spécialisée dans les médias, l'image publique, les relations avec les entrepreneurs et la politique dans les Amériques. Il a été fondateur et directeur de la rédaction de *Reforma* et président de Editorial Televisa.

Gordon D. Giffin est associé principal de McKenna Long & Aldridge LLP, et a été ambassadeur des États-Unis au Canada (1997-2001). Il a également été durant cinq ans avocat en chef et directeur des affaires législatives du sénateur américain Sam Nunn. Il fait actuellement partie de plusieurs Conseils d'administrations de grandes entreprises ainsi que du conseil de surveillance du Carter Center, tout en menant ses propres activités d'avocat spécialiste du droit international.

Allan Gotlieb* a été ambassadeur du Canada aux États-Unis, sous-secrétaire d'État aux Affaires étrangères et président du Canada Council. Il est actuellement conseiller senior au cabinet d'avocats Stikeman Elliott LLP et président de Sotheby's Canada et de la Donner Foundation. Par ailleurs il a été membre du Conseil d'administration de diverses grandes entreprises canadiennes et américaines, a enseigné dans diverses universités des deux pays et a publié des livres et articles sur le droit international et les relations internationales.

Michael Hart est titulaire de la chaire Simon Reisman de politique commerciale de la Norman Paterson School of International Affairs à l'université Carleton à Ottawa. Il a été membre du ministère canadien des Affaires étrangères et du Commerce international et directeur fonda-teur du Centre for Trade Policy and Law de l'université Carleton. Il est l'auteur de plus d'une douzaine de livres et d'une centaine d'articles sur le commerce canadien et la politique étrangère.

Carlos Heredia* est conseiller senior pour les Affaires internationales du Gouverneur de l'État du Michoacán, Lázaro Cárdenas-Batel. Il a occupé des postes élevés au ministère des Finances et au gouvernement de la ville de Mexico. Il travaille depuis plus de vingt ans avec des organisations non gouvernementales mexicaines, canadiennes et améri-caines en faveur de la citoyenneté économique et du développement participatif. Depuis 2002 il est vice-président du Consejo Mexicano de Asuntos Internacionales (COMEXI).

Carla A. Hills* est présidente et chef de la direction de Hills & Company, société de conseil international fournissant des conseils aux entreprises américaines sur les questions d'investissement, de commerce et d'évalua-tion du risque à l'étranger, notamment sur les marchés émergents. Elle est aussi vice-présidente du Council on Foreign Relations. De 1989 à 1993, elle a été représentante commerciale des États-Unis, conseillère principale du président sur la politique commerciale internationale ainsi que négociatrice commerciale principale chargée de représenter les intérêts des États-Unis dans des négociations commerciales multilatérales et bilatérales dans le monde entier.

Gary C. Hufbauer* a été directeur des études au Council on Foreign Relations et titulaire de la chaire Maurice Greenberg en 1997 et en 1998. Il a ensuite repris son poste d'agrégé supérieur de recherches Reginald Jones à l'Institute for International Economics. Avec Jeffrey J. Schott, il finit de rédiger une nouvelle évaluation de l'ALÉNA qui sera publiée à l'automne 2005.

Pierre Marc Johnson*, ancien Premier ministre du Québec, avocat et médecin, est avocat principal chez Heenan Blaikie depuis 1996. Il fut un membre senior du cabinet de René Lévesque (1976-85) et le succéda. Depuis 1987, il est professeur de droit à l'université McGill, conseiller auprès des Nations Unies au niveau des négociations environnementales internationales, est l'auteur de plusieurs livres et essais sur le commerce et l'environnement, la participation de la société civile et la mondialisation. Il donne des conférences au Canada, aux États-Unis et au Mexique et siège sur plusieurs Conseils d'administration au Canada et en Europe.

James R. Jones est chef de la direction de Manatt Jones Global Strategies, une société de conseil aux entreprises. Auparavant, il a été ambassadeur des États-Unis au Mexique (1993–97); président de Warnaco International; président et chef de la direction du American Stock Exchange; et député de l'Oklahoma (1973–87) au Congrès des États-Unis, où il a été président du Comité budgétaire. Il a été secrétaire chargé des nominations (poste actuellement appelé Chief of Staff) du Président Lyndon B. Johnson. Il est président de Meridian International et de World Affairs Councils of America, et siège au Conseil d'administration d'Anheuser-Busch, de Grupo Modelo, de Keyspan Energy Corporation et de la Kaiser Family Foundation.

Chappell H. Lawson*, directeur de project du Groupe de travail, est professeur agrégé de sciences politiques au Massachusetts Institute of

Technology (MIT), où il est titulaire de la chaire de Développement professionnel « Class of 1954 ». Avant de rejoindre le corps enseignant du MIT, il a été directeur des Affaires interaméricaines au Conseil national de sécurité.

John P. Manley est avocat-conseil chez McCarthy Tétrault LLP. Il a détenu plusieurs portefeuilles importants au sein du gouvernement fédéral canadien au cours de ses quinze ans dans la fonction publique, dont ceux de l'Industrie, des Affaires étrangères et des Finances, et il a également été vice-premier ministre. Suite aux événements du 11 septembre 2001, il a été nommé président du Comité du Cabinet sur la Sécurité publique et l'antiterrorisme et a, à ce titre, négocié l'Accord sur la Frontière intelligente avec le directeur du Bureau de la sécurité du territoire des États-Unis, Tom Ridge.

David McD. Mann C.R. est conseiller juridique chez Cox Hanson O'Reilly Matheson, un cabinet d'avocats de la région atlantique du Canada. Il a été vice-président du Conseil d'administration et président et chef de la direction d'Emera Inc., une société diversifiée d'énergie et de services détenue par ses investisseurs.

Doris M. Meissner est agrégée supérieure de recherches au Migration Policy Institute (MIP) à Washington. Elle a travaillé dans le domaine de la politique d'immigration et de la migration internationale depuis plus de 30 ans à la fois pour des organisations gouvernementales et de recherches en politiques. Elle fut un cadre supérieur au département de Justice des États-Unis pendant les administrations Nixon, Ford, Carter et Reagan et comme associé senior au Carnegie Endowment for International Peace. Elle retourna travailler au gouvernement pendant l'administration Clinton comme Commissaire des États-Unis au Immigration and Naturalization Service (INS) de 1993–2000.

Thomas M. T. Niles est vice-président du U.S. Council for International Business (USCIB). Il a quitté les services diplomatiques des États-Unis en septembre 1998, après une carrière de plus de trente-six ans durant laquelle il a été ambassadeur au Canada (1985–89), ambassadeur auprès de l'Union Européenne (1989–91), vice-secrétaire d'État pour l'Europe et le Canada (1991–93) et ambassadeur en Grèce (1993–97).

Beatriz Paredes* est présidente de la Fundación Colosio, A.C. Mme Paredes a été Ambassadrice du Mexique auprès de la République de Cuba et Gouverneure de l'État de Tlaxcala; elle a été la première femme au poste de Gouverneur de cet État et la deuxième à un tel poste dans le pays (1987-92). Elle a également été présidente de la Chambre des Représentants.

Robert A. Pastor* est directeur du Center for North American Studies, vice-président des Affaires international et professeur à l'American University. De 1977 à 1981 il a été directeur des Affaires latino-américaines au Conseil national de sécurité. Il est l'auteur ou l'éditeur de seize livres dont *Toward a North American Community: Lessons from the Old World to the New.*

Andrés Rozental est président du Consejo Mexicano de Asuntos Internacionales. M. Rozental a mené une carrière diplomatique de plus de trente ans, au cours de laquelle il a servi son pays en tant qu'ambassadeur en Grande-Bretagne (1995–97), sous-ministre des Affaires étrangères (1988–1994), ambassadeur en Suède (1983–88) et représentant permanent du Mexique auprès des Nations Unies à Genève (1982–83). En 2001, il a été ambassadeur itinérant et envoyé spécial du Président Vicente Fox.

Luis Rubio est président de CIDAC (Centro de Investigación Para el Desarrollo—Centre de recherche pour le développement), institution de recherche indépendante consacrée à l'étude des questions de politiques économiques et de politique. Avant de rejoindre CIDAC, au cours des années 1970, il a été directeur de la planification de Citibank au Mexique et conseiller du ministre des Finances mexicain. Il est également collaborateur de la rédaction de Reforma.

Jeffrey J. Schott* est agrégé supérieur de recherches de l'Institute for International Economics. Il a été auparavant l'un des responsables du

Trésor américain et négociateur commercial pour les États-Unis, et a enseigné dans les universités Princeton et Georgetown. Il est l'auteur ou le co-auteur de quinze ouvrages sur le commerce international dont *NAFTA: Achievements and Challenges* (2005); *NAFTA: An Evaluation* (1993); *North American Free Trade* (1992); et *The Canada-United States Free Trade Agreement: The Global Impact* (1988).

William F. Weld est partenaire de Leeds Weld & Co., société New Yorkaise d'investissement privé en capital-actions. Auparavant M. Weld a été élu pour deux mandats au poste de Gouverneur du Massachusetts (1991–97), a été procureur général adjoint chargé de la Division criminelle du ministère de la Justice des États-Unis à Washington (1986–88) et procureur du Massachusetts pendant l'administration Reagan (1981–86).

Raul H. Yzaguirre est actuellement professeur présidentiel de Pratique des professions juridiques à l'Arizona State University, où il enseigne le développement communautaire et les droits civiques. M. Yzaguirre, qui a récemment quitté son poste de président et chef de la direction du National Council de La Raza (NCLR) à Washington (1974–2005), a été le fer de lance de l'émergence de cette organisation en tant que principale organisation hispanique d'envergure nationale implantée au niveau des comtés et en tant que groupe de réflexion de premier plan.

Observateurs du Groupe de travail

Sam Boutziouvis
Conseil canadien des chefs d'entreprise

Daniel Gerstein
Council on Foreign Relations

Laurence Spinetta
Council on Foreign Relations

David Stewart-Patterson
Conseil canadien des chefs d'entreprise

Construcción de una comunidad de América del Norte

Informe de un Grupo Independiente de Trabajo

Patrocinado por el Council on Foreign Relations, el
Consejo Canadiense de Presidentes de Empresa Consejo y el
Mexicano de Asuntos Internacionales

Fundado en 1921, el Council on Foreign Relations (CFR) es una organización independiente, de membresía nacional y un centro no partidista para académicos dedicados a producir y diseminar ideas de forma que los miembros individuales y corporativos, así como los trazadores de políticas, periodistas, estudiantes y ciudadanos interesados en Estados Unidos y otros países puedan identificar mejor el mundo y las opciones de política exterior que se plantean a Estados Unidos y otros gobiernos. El CFR realiza esta función convocando a reuniones, llevando a cabo un programa de estudios de largo alcance, publicando *Foreign Affairs*, la revista más importante en asuntos internacionales y en política exterior estadounidense, tutelando a un grupo diversificado de miembros, patrocinando equipos de trabajo independientes y ofreciendo información actualizada sobre el mundo y la política exterior estadounidense en el sitio web del CFR: www.cfr.org.

Fundado en 1976, el Canadian Council of Chief Executives (Consejo Canadiense de Presidentes de Empresa) (CCCE, por sus siglas en inglés) es la asociación empresarial más importante de Canadá, con un destacado historial de logros en acoplar la iniciativa de las empresas con elecciones sólidas de política pública. Integrado por consejeros de 150 empresas líderes canadienses, el CCCE fue líder del sector privado en el desarrollo y promoción del Acuerdo de Libre Comercio Estados Unidos-Canadá durante la década de 1980 y el subsiguiente acuerdo trilateral: Tratado de Libre Comercio de América del Norte.

El Consejo Mexicano de Asuntos Internacionales (COMEXI) es, desde su fundación en 2001 la única organización multidisciplinaria mexicana dedicada a promover el debate y análisis avanzados y ampliamente incluyentes sobre la naturaleza de la participación de México en la arena internacional y la influencia relativa de su orientación cada vez más global sobre las prioridades nacionales. El COMEXI es un foro independiente, no lucrativo y plural, sin nexos gubernamentales o institucionales, financiado exclusivamente con cuotas de sus miembros y el apoyo empresarial. Los principales objetivos del COMEXI son ofrecer información y análisis de interés a nuestros asociados, así como crear un sólido marco institucional para el intercambio de ideas referentes a temas mundiales acuciantes que afectan a nuestro país. Sus actividades, publicaciones y lista de asociados pueden consultarse en www.consejomexicano.org.

EL COUNCIL ON FOREIGN RELATIONS NO ADOPTA NINGUNA POSTURA INSTITUCIONAL SOBRE TEMAS DE POLÍTICA NI TIENE AFILIACIÓN CON EL GOBIERNO ESTADOUNIDENSE. TODAS LAS DECLARACIONES DE HECHO Y EXPRESIONES DE OPINIÓN CONTENIDAS EN SUS PUBLICACIONES SON RESPONSABILIDAD ÚNICA DEL AUTOR O AUTORES.

El consejo patrocinará a un comité de trabajo independiente cuando (1) surja un tema de importancia vital y vigente para la política exterior estadounidense, y (2) parezca que un grupo diverso en antecedentes y perspectivas pueda, sin embargo, llegar a un consenso significativo en cuestiones de política mediante deliberaciones privadas y no partidistas. Normalmente, un comité de trabajo se reúne entre dos y cinco veces en un periodo breve para garantizar la relevancia de su trabajo.

Al llegar a una conclusión, el comité de trabajo emite un informe, y el CFR publica el texto y lo presenta en su sitio web. Los informes del comité de trabajo reflejan un consenso de política fuerte y significativo, y los miembros del comité avalan el sentido político general y los juicios alcanzados por el grupo, aunque no necesariamente todos los hallazgos y recomendaciones. Los miembros del comité que se adhirieron al consenso pueden presentar opiniones adicionales o disidentes, las cuales se incluyen en el informe final. La "declaración de los consejeros" es firmada sólo por los miembros del comité y, por lo general, va precedida o seguida por informes completos del comité. Al llegar a una conclusión, el comité también puede solicitar a individuos ajenos al comité que se solidaricen con el informe para reforzar su impacto. Todos los informes del comité "comparan" sus hallazgos con la política gubernamental vigente para volver explícitas zonas de acuerdo y desacuerdo. El comité de trabajo es el único responsable del informe. El CFR no adopta ninguna postura institucional.

Para mayor información sobre el CFR o comité, favor de escribir a: The Council on Foreign Relations, 58 East 68th Street, New York, NY 10021, o llamar al director de Comunicaciones al 212-434-9400. Visite nuestro sitio web en www.cfr.org.

Lista de los miembros del Grupo de Trabajo

Pedro Aspe

Thomas S. Axworthy*

Heidi S. Cruz*

Nelson W. Cunningham*

Thomas P. d'Aquino

Alfonso de Angoitia

Luis de la Calle Pardo*

Wendy K. Dobson*

Richard A. Falkenrath*

Rafael Fernández de Castro

Ramón Alberto Garza

Gordon D. Giffin

Allan Gotlieb*

Michael Hart

Carlos Heredia*

Carla A. Hills*

Gary C. Hufbauer*

Pierre Marc Johnson*

James R. Jones

Chappell H. Lawson*

John P. Manley

David McD. Mann

Doris M. Meissner

Thomas M.T. Niles

Beatriz Paredes*

Robert A. Pastor*

Andrés Rozental

Luis Rubio

Jeffrey J. Schott*

William F. Weld

Raúl H. Yzaguirre

*El individuo ha respaldado el informe y ha presentado una opinión adicional o disidente.

118

Prólogo

La relación de Estados Unidos con sus vecinos en América del Norte rara vez recibe la atención que merece. Este informe de un Grupo Independiente de Trabajo sobre el Futuro de América del Norte, patrocinado por el Council on Foreign Relations (CFR), el Consejo Mexicano de Asuntos Internacionales (Comexi) y el Consejo Canadiense de Presidentes de Empresa, tiene la intención de contribuir a llenar ese vacío de política. En más de una década desde que el Tratado de Libre Comercio de América del Norte entró en vigor, los vínculos entre México, Canadá y Estados Unidos se han profundizado en forma considerable. El valor del comercio dentro de América del Norte se ha más que duplicado. Canadá y México son ahora los dos mayores exportadores de petróleo, gas natural y electricidad a Estados Unidos. Desde el 11 de septiembre de 2001, no sólo somos los mayores socios comerciales los unos de los otros, sino que estamos unidos en un esfuerzo por hacer a América del Norte menos vulnerable a un ataque terrorista.

Este informe examina estos y otros cambios que han ocurrido desde la entrada en vigor del TLCAN y formula recomendaciones para atender la amplia gama de asuntos que actualmente enfrentan quienes formulan política en América del Norte: mayor competencia económica del exterior, desarrollo desigual dentro de la región, demanda creciente de energía y amenazas a nuestras fronteras.

El Grupo de Trabajo ofrece un conjunto detallado y ambicioso de propuestas que se construyen a partir de las recomendaciones adoptadas por los tres gobiernos en la cumbre celebrada en Texas en marzo de

119

2005. La recomendación central del Grupo es establecer, a más tardar en el 2010, una comunidad económica y de seguridad de América del Norte, cuyos parámetros serán definidas por un arancel externo común y un perímetro externo de seguridad.

A diferencia de otros grupos de trabajo que han patrocinado nuestras instituciones, este proyecto fue internacional, o trinacional para ser precisos. Entre sus miembros hubo personas que han estado encargadas del trazo de políticas nacionales, académicos y ejecutivos de empresa de los tres países. El Grupo llevó a cabo reuniones en Monterrey, Toronto y Nueva York. En este esfuerzo, el CFR se asoció con dos destacadas instituciones, el Canadian Council of Chief Executives y el Consejo Mexicano de Asuntos Internacionales. Les agradezco su colaboración, compañerismo y apoyo. Fuimos extremadamente afortunados en que tres experimentados y dedicados "América del Norteños"—John P. Manley, Pedro Aspe, y William F. Weld—accedieran a dirigir este esfuerzo. Mi aprecio va también a los vicepresidentes Thomas P. d'Aquino, Andrés Rozental, y Robert A. Pastor; al director de proyecto, Chappell H. Lawson, y a Lee Feinstein, director ejecutivo del programa del Grupo de Trabajo. Este informe sencillamente no habría sido posible sin su compromiso, dedicación y experiencia. Por último, quiero agradecer a los miembros del Grupo el enorme compromiso intelectual y el tiempo que le han dedicado a este proyecto, y que ha dado por resultado una valiosa y duradera contribución a un tema de gran importancia para nuestras tres naciones, y más allá.

Richard N. Haass
Presidente
Council on Foreign Relations
Mayo de 2005

Reconocimientos

La calidad de un Grupo de Trabajo se mide por sus presidentes. Este Grupo se benefició inconmensurablemente del liderazgo intelectual y el compromiso de John P. Manley, Pedro Aspe y William F. Weld. Su determinación, sentido del humor y buen juicio llevaron a un sólido consenso. También tuvimos la fortuna de contar con tres vicepresidentes sumamente conocedores y entusiastas: Thomas P. d'Aquino, Andrés Rozental y Robert A. Pastor. Estamos agradecidos con los miembros del Grupo, una colección impresionante y dedicada de mexicanos, canadienses y estadounidenses comprometidos con construir una América del Norte más próspera y segura. Agradecemos a Chappel H. Lawson, director de proyecto, por sus estupendas contribuciones al trabajo del Grupo.

El Grupo de Trabajo agradece a Anne McLellan, viceprimera ministra canadiense y ministra de seguridad pública y preparación ante emergencias, y a Richard George, presidente y ejecutivo en jefe de Suncor Energy Inc., quienes ofrecieron charlas informativas al grupo en octubre de 2004; al senador estadounidense John Cornyn (republicano por Texas), al cónsul general mexicano Arturo Sarukhán; a Edward L. Morse, consejero ejecutivo de la Hess Energy Trading Company, y a Albert Fishlow, director del Centro de Estudios Brasileños de la Columbia University, por sus aportaciones a la reunión realizada en Nueva York en diciembre de 2004, así como al gobernador del estado de Nuevo León, José Natividad González Parás, y al director del Banco de Desarrollo de América del Norte (NadBank), Raúl Rodríguez,

121

quienes se reunieron con el Grupo en Monterrey, Méx., en febrero de 2005. Además, las siguientes personas ayudaron a lograr tres productivas sesiones del Grupo de Trabajo y merecen nuestras sinceras gracias: Dan Gerstein, Eric Hrubant, Ramón Alberto Garza y Eva Tamez. Nora Weiss, Elena Rich, y Marcela Pimentel, Jorge Anaya y Andrés Rozental sumaron al esfuerzo sus impresionantes talentos de traducción.

Reunir a un grupo trinacional de trabajo es un reto impresionante. No habría sido posible sin el apoyo del Canadian Council of Chief Executives y del Consejo Mexicano de Asuntos Internacionales, que se unieron en este esfuerzo al Council on Foreign Relations.

Del Council on Foreign Relations nos gustaría expresar nuestro agradecimiento a su presidente, Richard N. Haass, quien propuso este Grupo de Trabajo y lo apoyó de principio a fin. Lisa Shields, Anya Schmemann, Kate Zimmerman, John Havens, Nancy Bodurtha, Meaghan Mills, Patricia Dorff e Irina Faskianos ayudaron a garantizar que el trabajo del Grupo recibiera la atención de funcionarios gubernamentales y de los medios. Un agradecimiento especial a nuestros colegas del equipo de apoyo, en especial la directora asistente del Programa, Lindsay Workman, y la investigadora Andrea Walther. Este informe no hubiera sido posible sin su experiencia y dedicación.

Del Canadian Council of Chief Executives nos gustaría reconocer al vicepresidente ejecutivo, David Stewart-Patterson, quien realizó significativas aportaciones editoriales, junto con sus colegas Sam Boutziouvis, Nancy Wallace, Ross Laver y Cheryl Eadie. También nos gustaría agradecer a los ejecutivos en jefe, miembros de esa organización, cuyas compañías apoyan la *Iniciativa de Seguridad y Prosperidad de América del Norte* del CCCE, las cuales financiaron la contribución de dicho consejo a la labor del Grupo de Trabajo.

Del Consejo Mexicano de Asuntos Internacionales expresamos nuestro agradecimiento a su Directora General, Aurora Adame, y a todo su equipo de colaboradores que apoyaron este proyecto.

Por ultimo, expresamos nuestro agradecimiento a la Archer Daniels Midland Company, a Merrill Lynch & Co. y a Yves-Andre Istel por el generoso apoyo financiero que cada uno brindó a la labor de este Grupo de Trabajo.

Lee Feinstein
Director ejecutivo del Programa del Comité de Trabajo

Informe del Grupo de Trabajo

Introducción

La seguridad y el bienestar de sus ciudadanos son la mayor responsabilidad de cualquier gobierno. A principios del siglo xxi, el futuro de México, Canadá y Estados Unidos se comparte más que nunca. En consecuencia, los tres países encaran un reto histórico: ¿continúan en la senda de la cooperación, promoviendo alianzas norteamericanas más seguras y prósperas, o siguen cursos de acción divergentes y a final de cuentas menos seguros y prósperos? Formular la pregunta es contestarla y, sin embargo, si no se toman decisiones importantes y se ponen en práctica, los tres países podrían encontrarse tomando rumbos divergentes. Esto sería un error trágico, el cual puede fácilmente evitarse si mantienen el compás de la integración y buscan dar una serie de pasos deliberados de cooperación que eleven la seguridad y la prosperidad de sus ciudadanos.

En su reunión en Waco, Texas, a finales de marzo de 2005, el primer ministro Paul Martin y los presidentes Vicente Fox y George W. Bush comprometieron sus gobiernos a seguir un camino de cooperación y acción conjunta. Celebramos ese importante suceso y ofrecemos este informe con el propósito de añadir urgencia y recomendaciones específicas para vigorizar sus esfuerzos.

Los tres países de América del Norte son los mayores socios comerciales los unos de los otros. Más del 80 por ciento del comercio canadiense y mexicano se da con sus socios del Tratado de Libre Comercio de América del Norte (TLCAN). Casi un tercio del comercio estadounidense es con Canadá y México. Entre estos países, el comercio ha triplicado su valor en la década pasada. Además, la inversión transfronteriza directa se ha incrementado de modo considerable y contribuye a la integración de las tres economías.

América del Norte es también interdependiente en materia energética, aunque no independiente. En 2004 Canadá y México eran los dos principales exportadores de petróleo a Estados Unidos. Canadá suministra aproximadamente el 90 por ciento del gas natural y toda la electricidad que importa su vecino del sur.

Además, las tres naciones enfrentan peligros comunes de seguridad, desde el terrorismo hasta el narcotráfico y el crimen organizado internacional. Hacer frente a estos peligros es un reto fundamental en esta dinámica región: en 2005, las fronteras entre México, Canadá y Estados Unidos serán cruzadas 400 millones de veces.

Como democracias liberales, los tres gobiernos también comparten principios comunes: proteger los derechos individuales, sostener el imperio de la ley y garantizar la igualdad de oportunidades para sus ciudadanos. América del Norte, en suma, es más que una expresión geográfica: es una Alianza de estados soberanos con intereses económicos y de seguridad que se superponen, en la cual los sucesos importantes en un país pueden tener y tienen un poderoso impacto en los otros dos.

Hace más de una década entró en vigor el TLCAN, el cual liberalizó el comercio y la inversión, brindó protección decisiva a la propiedad intelectual, creó mecanismos pioneros de resolución de controversias e instauró los primeros dispositivos regionales para salvaguardar las normas laborales y ambientales. El TLCAN ayudó a develar el potencial económico de la región y demostró que naciones con diferentes niveles de desarrollo pueden prosperar a partir de las oportunidades creadas por acuerdos recíprocos de libre comercio.

Sin embargo, desde entonces a la fecha la competencia global se ha vuelto más intensa y el terrorismo internacional ha surgido como un serio peligro regional y global. La profundización de vínculos entre los tres países de América del Norte promete beneficios continuos para México, Canadá y Estados Unidos. Por ello, la trayectoria hacia una América del Norte más próspera e integrada no es ni inevitable, ni irreversible.

En marzo de 2005, los gobernantes de México, Canadá y Estados Unidos adoptaron una Alianza de Seguridad y Prosperidad para América del Norte (ASPAN), la cual establece grupos de trabajo a nivel ministerial para atender temas claves que confrontan a la región en materia económica y de seguridad, y fijan un plazo breve para informar de avances a sus gobiernos. El presidente Bush describió el alcance de la ASPAN como el establecimiento de un compromiso común "con los mercados, la democracia, la libertad, el comercio, la mutua prosperidad y la mutua seguridad". El marco político delineado por los tres gobernantes es un compromiso significativo que se beneficiará con un amplio análisis y una buena asesoría. El Grupo de Trabajo se complace en ofrecer recomendaciones específicas sobre la forma en que esta Alianza puede procurarse y volverse realidad.

Con esa finalidad, el Grupo de Trabajo propone la creación, en 2010, de una comunidad de América del Norte que incremente la seguridad, la prosperidad y la oportunidad. Proponemos una comunidad basada en el principio, afirmado en la Declaración Conjunta de los tres gobernantes de marzo de 2005, de que "nuestra seguridad y prosperidad son recíprocamente dependientes y complementarias". Sus parámetros se definen por un arancel externo común y un perímetro externo de seguridad, dentro del cual el movimiento de personas, productos y capital debe ser legal, ordenado y seguro. Su meta es garantizar una América del Norte libre, segura, justa y próspera.

Lo que enfrentamos

Nuestros países enfrentan tres desafíos en común:

Amenazas compartidas a la seguridad. En la década pasada, la actividad terrorista y criminal ha puesto de relieve la vulnerabilidad de América del Norte. Todos los terroristas del 11 de septiembre de 2001 lograron introducirse en Estados Unidos directamente desde fuera de nuestra región, pero el arresto en 1999 de una persona que intentaba cruzar la frontera entre Canadá y Estados Unidos como parte de un complot para colocar una bomba en el aeropuerto de Los Ángeles, demuestra que los terroristas pueden también ingresar a Estados Unidos vía Canadá o México. Se descubrió que esta persona también había estudiado objetivos en Canadá, y Al-Qaeda ha hecho público que

Canadá también es uno de sus objetivos principales, junto con Estados Unidos.

El no asegurar las fronteras externas de América del Norte inhibirá el movimiento legítimo de personas y bienes dentro del continente. Después de los ataques del 11 de septiembre, las demoras en la frontera entre Canadá y Estados Unidos ocasionaron escasez de suministros en ambos países, lo cual costó millones de dólares por hora a empresas manufactureras. El comercio en la frontera entre México y Estados Unidos también sufrió como consecuencia de los ataques, lo cual también mermó el crecimiento económico estadounidense. Estas consecuencias continentales significan que Canadá y México tienen, aparte de cualquier otra consideración, un interés comercial primordial en incrementar la seguridad América del Norte. Además, futuros ataques terroristas podrían tener por objetivo la infraestructura, o lugares críticos, en cualquiera de los tres países.

Más allá del terrorismo, las tres naciones deben hacer frente a un flujo persistente de migrantes indocumentados. La actividad criminal internacional también plantea una amenaza continua a la seguridad pública en la región, incluyendo la violencia relacionada con drogas y bandas criminales a lo largo de la frontera entre México y Estados Unidos. Ningún gobierno puede por sí solo enfrentar adecuadamente estas amenazas transfronterizas.

La falta de atención a los temas de seguridad desmeritará a final de cuentas las ganancias en otros aspectos. En el contexto de América del Norte, la falta de colaboración eficaz para hacer frente a esos temas tendrá impacto directo en las relaciones comerciales, así como en nuestras libertades y calidad de vida.

Los desafíos compartidos a nuestro crecimiento y desarrollo económico. El TLCAN ha elevado en forma considerable nuestra capacidad de hacer un mejor uso de los abundantes recursos de los tres países, y por tanto realiza una importante contribución al crecimiento económico de América del Norte. Sin embargo, en la década pasada nuestras economías han enfrentado retos crecientes en mercados mundiales cada vez más competitivos y globalizados. Necesitamos hacer más para garantizar que nuestras políticas brinden a empresas y trabajadores una base justa e irrestricta para enfrentar los desafíos de la competencia global. Las complejas reglas de origen del TLCAN, que incrementan la congestión en nuestros puertos de entrada, así como las diferencias regulatorias entre nuestras tres naciones, elevan costos en vez de reducir-los. En ciertos sectores el comercio en recursos naturales, agricultura y energía sigue lejos de ser libre, y las controversias en estas áreas han sido fuente de desacuerdos entre nuestros países. Además, los socios del TLCAN han sido incapaces de resolver un buen número de importantes controversias comerciales y de inversión, lo cual ha creado tensión continua en nuestras relaciones comerciales.

Los gobernantes de las tres naciones reconocieron estos retos y abordaron una variedad de respuestas durante su cumbre en Texas hace dos meses. Las que implican cambios en los acuerdos formales de comercio requerirán necesariamente tiempo para negociar y ratificar. Sin embargo, en otras áreas, notablemente en la cooperación sobre regulaciones y en la expansión de las actividades transfronterizas en sectores críticos como los servicios de transporte y financieros, existe un reconocimiento común de que los tres países pueden y deben actuar con rapidez de manera a que haya una verdadera diferencia en el mejoramiento de la competitividad de empresas e individuos en América del Norte.

El reto compartido del desarrollo económico desigual. Una vía rápida al desarrollo es crucial para que México contribuya a la seguridad de toda la región. El desarrollo de México no ha logrado evitar profundas disparidades entre diferentes regiones del país, en particular entre zonas remotas y las que están mejor conectadas con mercados internacionales. Los estados del norte han crecido a un ritmo 10 veces mayor que los del centro y el sur del país. La falta de oportunidades económicas alienta la inmigración no autorizada y se ha descubierto que está vinculada con la corrupción, el narcotráfico, la violencia y el sufrimiento humano. Las mejoras en capital humano e infraestructura física en México, en particular en el centro y el sur del país, ligarían más estrechamente a esas regiones con la economía de América del Norte y son del interés de las economías y la seguridad trinacionales.

Los gobernantes de nuestros tres países han reconocido estos pro-blemas e indicado su apoyo a ciertas medidas prometedoras, entre ellas una reforma migratoria, pero aún existe un campo considerable para mayores esfuerzos individuales, bilaterales y conjuntos destinados a atender las necesidades de desarrollo.

Lo que podemos hacer

Al hacer sus recomendaciones, el Grupo de Trabajo se guía por los siguientes principios.

- Los tres gobiernos deben enfocar conjuntamente los asuntos continentales con una perspectiva trinacional, en vez del tradicional enfoque dual que durante mucho tiempo ha caracterizado sus relaciones. El progreso puede darse en dos velocidades en algunas esferas. Canadá y Estados Unidos, por ejemplo, comparten ya un largo historial de cooperación militar e instituciones binacionales de defensa, y deben continuar profundizando su alianza bilateral a la vez que abren la puerta a una cooperación más extensiva con México. Sin embargo, muchos asuntos se atenderían mejor en forma trinacional. Los intereses comunes van del crecimiento económico regional a la aplicación de la ley, de la seguridad energética a la política regulatoria, de la resolución de controversias a la defensa continental.

- América del Norte es diferente de otras regiones del mundo y debe encontrar su propia senda cooperativa hacia el futuro. Una nueva comunidad América del Nortena deberá confiar más en el mercado y menos en la burocracia, más en las soluciones pragmáticas a problemas comunes que en grandes esquemas de confederación o unión, como los de Europa. Debemos respetar la soberanía nacional de cada uno.

- Nuestro enfoque económico deberá ser la creación de un espacio económico común, que expanda las oportunidades económicas para todas las personas de la región, un espacio en el que el comercio, el capital y las personas fluyan con libertad.

- La estrategia necesita ser integral en su enfoque, reconociendo leal hecho de que el progreso de cada componente individual enaltece los logros de los demás. El avance en seguridad, por ejemplo, permitirá una frontera más abierta al movimiento de bienes y personas; el progreso en asuntos regulatorios reducirá la necesidad de una administración aduanera activa y liberará recursos para incrementar la seguridad. Las soluciones norteamericanos pueden servir en última instancia de base a iniciativas que involucren a otros países con ideas similares, ya sea en el hemisferio o en zonas más allá de nuestra región.

• Por último, una estrategia para América del Norte debe brindar ganancias reales a todos los socios y no debe enfocarse como un ejercicio de suma cero. La pobreza y la privación son caldo de cultivo para la inestabilidad política y socavan la seguridad nacional y regional. El progreso de los más pobres entre nosotros será una de las medidas de éxito.

Recomendaciones

Las recomendaciones del Grupo de Trabajo caen en dos categorías generales, que corresponden al imperativo de construir un continente más seguro y más próspero. El Grupo propone también reformas e instituciones dentro de cada uno de los tres gobiernos para promover el progreso en esos campos. El Grupo ha enmarcado sus recomendaciones en medidas de corto plazo que deben procurarse ahora, y pasos de mayor alcance que deben darse antes del 2010.

Hacia una América del Norte más segura

Seguridad

La amenaza del terrorismo internacional se origina en su mayor parte fuera de América del Norte. Nuestras fronteras externas son una línea crítica de defensa contra esta amenaza. Cualquier debilidad en controlar el acceso a América del Norte desde el exterior reduce la seguridad del continente como un todo y exacerba la presión para intensificar los controles del movimiento y tráfico intracontinentales, lo cual a su vez incrementa los costos de transacción asociados al comercio y el desplazamiento dentro de la región.

El 11 de septiembre puso de manifiesto la necesidad de nuevos enfoques de administración fronteriza. En diciembre de 2001, Canadá y Estados Unidos firmaron la Declaración de Frontera Inteligente y un Plan de Acción asociado de 30 puntos para asegurar la infraestructura fronteriza, facilitar el movimiento seguro de personas y bienes y compartir información. En marzo de 2002 se firmó un pacto similar, el Acuerdo Fronterizo México-Estados Unidos y su Plan de Acción de 22 puntos. Ambos acuerdos contienen medidas para facilitar cruces fronterizos a personas previamente aprobadas, desarrollar y promover sistemas para identificar personas y artículos peligrosos, aliviar la congestión en las fronteras y revitalizar los mecanismos de cooperación transfronterizos, así como compartir la información. Los tres gobernantes adoptaron medidas adicionales en su reunión cumbre de marzo de 2005.

La defensa de América del Norte también debe residir en un nivel de cooperación más intenso entre el personal de seguridad de los tres países, tanto dentro de América del Norte como fuera de las fronteras físicas del continente. La Iniciativa de Seguridad de Contenedores, por ejemplo, lanzada por Estados Unidos a consecuencia del 11 de septiembre, prevé el uso de inteligencia, análisis e inspección de contenedores no en la frontera, sino en un número cada vez mayor de puertos en el extranjero desde los cuales se embarcan artículos. El objetivo final es lograr que se revisen y seleccionen todos los contenedores destinados a cualquier puerto de América del Norte, de modo que, una vez descargados de los barcos, puedan cruzar las fronteras terrestres de la región sin necesidad de nuevas inspecciones.

LO QUE DEBEMOS HACER AHORA

- **Establecer un perímetro común de seguridad para el 2010.** Los gobiernos de México, Canadá y Estados Unidos deben expresar como objetivo de largo alcance un perímetro común de seguridad para América del Norte. En particular, los tres gobiernos deben avanzar hacia una situación en la cual un terrorista que intente penetrar nuestras fronteras se vea en iguales dificultades para hacerlo sin importar cuál país elija para entrar primero. Creemos que estas medidas deben extenderse para incluir un compromiso de adoptar enfoques comunes en las negociaciones internacionales relativas al movimiento global de personas, carga y naves. Como el libre comercio lo fue hace una década, un perímetro común de seguridad para América del Norte es un objetivo ambicioso pero asequible, que requerirá cambios en políticas, estatutos y procedimientos en las tres naciones.

- **Desarrollar un pase fronterizo para América del Norte.** Los tres países deben desarrollar un Pase Fronterizo para América del Norte con identificadores biométricos. Este documento permitiría a su portador el cruce expedito en aduanas, puestos migratorios y de seguridad aeroportuaria en toda la región. El proyecto tomaría como modelo el programa "NEXUS" de Estados Unidos y Canadá y el "SENTRI" de México y Estados Unidos, los cuales proporcionan "tarjetas inteligentes" para permitir cruces más expeditos a quienes no representan ningún riesgo. Sólo quienes en forma voluntaria soliciten, reciban y paguen los costos de una autorización segura obtendrían el Pase Fronterizo, el cual sería aceptado en todos los puntos fronterizos de América del Norte como complemento de los documentos nacionales de identidad o pasaportes, pero no como sustituto de los mismos.

- **Desarrollar un plan unificado de acción fronteriza para América del Norte.** El cierre de fronteras que siguió a los ataques del 11 de septiembre despertó en los tres gobiernos la necesidad de repensar la administración de las fronteras. Intensas negociaciones produjeron los acuerdos bilaterales de "Frontera Inteligente". Si bien las dos fronteras son diferentes y en ciertos casos pueden requerir políticas que se instrumenten a velocidades distintas, la cooperación de los tres gobiernos en los campos siguientes debería conducir a un mejor resultado que un enfoque dual-bilateral:

  - Concertar políticas de visado y asilo, con inclusión de la convergencia de la lista de países "exentos de visado".

  - Concertar procedimientos de entrada para la inspección, la selección y el rastreo de personas, bienes y medios de transporte (incluida la integración de listas de vigilancia por nombre y biométricas).

  - Concertar procedimientos de seguimiento de salida y exportación.

  - Compartir a fondo datos sobre la entrada y salida de nacionales extranjeros.

  - Inspeccionar conjuntamente el tráfico de contenedores que entren a puertos de América del Norte, a partir de la Iniciativa de Seguridad en Contenedores.

- **Expandir la infraestructura fronteriza.** Si bien el comercio a través de las dos fronteras casi se ha triplicado a partir de la entrada en vigor del Acuerdo de Libre Comercio Canadá-Estados Unidos y el TLCAN, las instalaciones aduaneras y la infraestructura fronteriza no se han mantenido al ritmo de la demanda creciente. Incluso si los acontecimientos del 11 de septiembre no hubieran ocurrido, el comercio se habría visto estrangulado en la frontera. Se han realizado nuevas y significativas inversiones para agilizar el paso en la frontera Canadá-Estados Unidos y en la de México-Estados Unidos, pero no lo suficiente para mantenerse al ritmo de la expansión de la demanda y de los requerimientos adicionales de seguridad. Los tres gobiernos deben examinar las opciones para instalaciones fronterizas adicionales y hacer expedita su construcción. Además de permitir el crecimiento contínuo del volumen de tráfico transfronterizo, tales inversiones deben incorporar la tecnología más reciente, e incluir instalaciones y procedimientos para alejar de la frontera cuanto proceso administrativo sea posible.

Lo que debemos hacer para el 2010

- **Preparar el terreno para el libre flujo de personas dentro de América del Norte.** Los tres gobiernos deben comprometerse con el objetivo de largo plazo de disminuir drásticamente la actual necesidad del control físico gubernamental del tráfico, el turismo y el comercio transfronterizo dentro de América del Norte. Un objetivo de largo plazo del plan de acción fronterizo conjunto debe ser la revisión conjunta de pasajeros de terceros países en el primer punto de entrada en América del Norte y la eliminación de la mayoría de los controles sobre el movimiento temporal de esos viajeros una vez que se encuentren dentro de la región.

Aplicación de la ley y cooperación militar

La cooperación en materia de seguridad entre los tres países debe también extenderse a la colaboración en medidas contra el terrorismo y en la aplicación de la ley, la cual debe comprender el establecimiento de un centro trinacional de inteligencia contra amenazas, el desarrollo de un registro trinacional de balística y explosivos, y el adiestramiento conjunto de oficiales encargados de aplicar la ley.

Como miembros fundadores de la Organización del Tratado del Atlántico Norte (OTAN), Canadá y Estados Unidos son aliados militares cercanos. Cuando tropas canadienses persiguieron terroristas y apoyaron la democracia en Afganistán, y cuando naves canadienses llevaron a cabo patrullajes en el Golfo Pérsico, participaron en la "defensa de vanguardia" de América del Norte al atacar las bases de apoyo al terrorismo internacional en el mundo. Si bien México no es miembro de la OTAN y no comparte el mismo historial de cooperación militar, en fecha reciente ha empezado a considerar una colaboración más estrecha en casos de desastre y cuando se trata de compartir información sobre amenazas externas. La cooperación en temas de defensa, por lo tanto, debe avanzar a dos velocidades hacia un objetivo común. Proponemos que México comience un diálogo para crear confianza e intercambio de información, y avance gradualmente hacia una mayor colaboración en asuntos como la evaluación conjunta de amenazas a América del Norte, operaciones de mantenimiento de la paz y, con el tiempo, una estructura más amplia de defensa para el continente.

LO QUE DEBEMOS HACER AHORA

- **Expandir el NORAD para que sea un Comando de Defensa de servicios múltiples.** El Comando Norteamericano de Defensa Aérea (NORAD, por sus siglas en inglés) ha sido durante décadas el vehículo primario de expresión de la singular alianza defensiva entre Canadá y Estados Unidos. Como recomienda un informe del Grupo de Planeación Conjunta Canadá-Estados Unidos, el NORAD debe evolucionar hacia un Comando de Defensa de servicios múltiples que expanda el principio del comando conjunto Canadá-Estados Unidos hacia fuerzas terrestres, navales y aéreas asignadas a la defensa de los accesos a América del Norte. Además, Canadá y Estados Unidos deben reforzar otras instituciones bilaterales de defensa, entre ellas el Consejo Conjunto Permanente de Defensa y el Grupo de Planeación Conjunta, e invitar a México a enviar observadores.

- **Compartir cada vez más la información y la inteligencia en los ámbitos locales y nacionales, tanto en la aplicación de la ley como en las organizaciones militares.** La cooperación en la aplicación de la ley deberá expandirse de sus niveles actuales mediante el intercambio de equipos de enlace y un mejor uso de sistemas automatizados para recabar, almacenar y diseminar inteligencia oportuna. Esto deberá hacerse de inmediato. La colaboración militar puede avanzar con mayor lentitud, sobre todo entre militares estadounidenses y mexicanos. Sin embargo, el fin último debe ser el de compartir oportunamente la información y la inteligencia confiables y alcanzar mayores niveles de cooperación.

Estados Unidos y Canadá deben invitar a México a compartir información de forma más extensiva y a establecer una planeación cooperativa en la que participen organizaciones militares y de policía, como forma de establecer confianza mutua y preparar el camino hacia una cooperación más estrecha en el futuro. Deben desarrollarse adiestramientos y ejercicios para incrementar la cooperación e interoperabilidad entre dependencias de aplicación de la ley y cuerpos militares. Estos pasos proporcionarán mejores capacidades de detección de amenazas, acción preventiva, respuesta a crisis y manejo de consecuencias. Se debe establecer como objetivo para el año próximo realizar al menos un ejercicio trilateral importante por autoridades de aplicación de la ley y otro por los cuerpos militares. Por supuesto, el grado de cooperación se verá afectado por el avance de la reforma de las fuerzas policiales, las aduanas y el Poder Judicial en México.

Además de compartir información, debe establecerse de inmediato un Centro de Análisis Conjunto donde se valore la información y se desarrollen estrategias para apoyar la aplicación de la ley y, cuando sea apropiado, para requerimientos militares.

Extensión de beneficios de desarrollo económico

El TLCAN ha transformado a México, pero también ha profundizado y hecho mucho más visibles las divisiones que existen en el país. De hecho la parte norte, donde la población tiene un nivel educativo más alto y está mejor conectada con los mercados estadounidense y canadiense, ha crecido a un ritmo significativamente mayor que el centro y el sur.

El TLCAN se diseñó para crear nuevas oportunidades de comercio e inversión en México y así complementar los programas de desarrollo del país. Se esperaba que México creciera mucho más rápido que sus socios más industrializados y así comenzara a estrechar la brecha de ingreso entre los tres países. Sin embargo, la inversión ha sido modesta, y eso ha impedido lograr mayores niveles de crecimiento. De hecho, la Organización para la Cooperación y el Desarrollo Económico (OCDE) estima que, con niveles significativos de inversión, la tasa de crecimiento potencial de México podría llegar a 6 por ciento. Pero eso requiere grandes cambios en las políticas actuales. Por ejemplo, el Banco Mundial afirmó en 2000 que se necesitan 20,000 millones de dólares al año durante una década para financiar infraestructura esencial y proyectos educativos en México.

La brecha en salarios ha llevado a que muchos mexicanos viajen al norte en busca de mayores ingresos y mejores oportunidades. En las tres décadas pasadas, México ha sido la mayor fuente de inmigrantes legales a Estados Unidos, y los mexicano-americanos realizan aportaciones cada vez mayores y más valiosas a la vida de ese país y, mediante sus remesas, a sus familias en México. México es también la fuente principal de migración no autorizada, con los consecuentes problemas económicos y de seguridad en ambos países y grandes penurias para los emigrantes mexicanos. En el curso del tiempo, la mejor manera de disminuir estos problemas es promover mejores oportunidades económicas en México. El país requiere también reformas significativas en sus políticas fiscales y energéticas, a fin de que pueda usar sus propios recursos con mayor eficiencia y mejorar su desarrollo económico.

LO QUÉ DEBEMOS HACER AHORA

- **Intensificar los esfuerzos de México por acelerar su desarrollo económico.** Para lograr este objetivo, México debe reorientar sus políticas económicas para alentar una inversión mayor y distribuir los beneficios del crecimiento económico de manera más equitativa y eficiente en todo el país. Se necesita avanzar, en particular, en los siguientes rubros: (1) expandir considerablemente la inversión y la productividad en el sector energético; (2) continuar los esfuerzos para elevar la transparencia gubernamental, construir la capacidad reguladora y profundizar la reforma judicial; (3) mejorar el acceso a la educación pública de alta calidad; (4) promover el desarrollo de proyectos de infraestructura básica por parte de los gobiernos estatales y municipales; (5) ayudar a productores pequeños y medianos a aprovechar las ventajas de la integración económica; (6) incrementar la base federal impositiva como porcentaje del producto interno bruto, y (7) establecer objetivos claros y cuantificables para el gasto público. Desde luego, es asunto de México desarrollar las condiciones políticas para que estos cambios se realicen.

Los tres países necesitan reconocer que también se requiere un importante esfuerzo regional. Con ese fin, Canadá y Estados Unidos deben construir sobre sus iniciativas bilaterales para apoyar el desarrollo de México, notablemente la Alianza para la Prosperidad Estados Unidos-México y la Alianza para la Prosperidad Canadá-México. En ambos programas, el sector privado de los tres países participa en el esfuerzo de desarrollo. México debe también ser reconocido como prioridad en los programas de desarrollo internacional tanto de Estados Unidos como de Canadá, y ambos deben explorar con el Banco Mundial y el Banco Interamericano de Desarrollo formas de emplear con mayor eficacia fondos multilaterales para hacer frente al reto del desarrollo de América del Norte. Canadá anunció en fecha reciente una importante reforma de sus programas de asistencia para el desarrollo, duplicando los recursos globales y enfocando sus esfuerzos en un grupo básico de países. México no está incluido en esa lista, pero debería estarlo.

- **Establecer un fondo de inversión para infraestructura y capital humano en América del Norte.** Con un clima de inversión más propicio en México, los fondos privados serán más accesibles a proyectos de infraestructura y desarrollo. Estados Unidos y Canadá deben establecer un Fondo de Inversión para América del Norte que estimule el flujo de capital privado hacia México. El fondo se enfocaría en incrementar y mejorar la infraestructura física, ligando las partes menos desarrolladas de México con los mercados del norte, mejorando la educación primaria y secundaria, y la capacitación técnica en estados y municipios comprometidos con la transparencia y el desarrollo institucional. Debe destinarse una cantidad relativamente pequeña de fondos a la asistencia técnica para diseñar y evaluar los proyectos, así como para administración y capacitación. Para que el Fondo de Inversión para América del Norte sea eficaz, necesita ayuda significativa de Estados Unidos y Canadá, y aportaciones en contrapartida mediante mayores ingresos fiscales de México. El diseño del Fondo debe considerar alternativas como los incentivos y capacidad de absorción de deuda y de manejo de gobiernos subnacionales para garantizar que los recursos se utilicen eficientemente. Se necesita que el Fondo sea administrado con transparencia, conforme a las mejores prácticas internacionales, y debe ser capitalizado mediante un conjunto diverso de mecanismos financieros innovadores. Será esencial la disponibilidad de mecanismos de ampliación del crédito para préstamos de largo plazo en pesos.

- **Elevar la capacidad del Banco de Desarrollo de América del Norte (NadBank).** El NadBank fue concebido para dar apoyo a proyectos de infraestructura ambiental dentro de una franja de 100 kilómetros a ambos lados de la frontera entre México y Estados Unidos. Después de un arranque lento, el NadBank ha realizado un trabajo importante en años recientes, y su mandato se ha expandido para cubrir los 300 kilómetros del lado mexicano. Sin embargo, para que logre su máximo potencial, los gobiernos de México y Estados Unidos deben: (1) extender el mandato del NadBank para abarcar otros sectores de infraestructura, sobre todo en transporte; (2) permitirle acceder a mercados nacionales de capital mediante instrumentos de mejoramiento del crédito; (3) apoyar el establecimiento de fondos revolventes mediante aportaciones y créditos blandos; (4) usar sus programas de asistencia técnica para promover el buen gobierno y la capacidad de crédito de comunidades y servicios públicos. Por último, deben reformarse los procedimientos internos y el proceso de certificación de proyectos del NadBank para permitir una asignación de fondos significativamente más expedita y transparente.

Desarrollo de una estrategia de recursos naturales de América del Norte

Las tres naciones de América del Norte producen cantidades sustanciales de energía, pero la región en su conjunto es importadora neta de energía.

Los dos vecinos de Washington son sus mayores proveedores de energía. La producción de petróleo y gas natural en el continente no está a la par del crecimiento de la demanda.

Si bien la producción de petróleo y gas en América del Norte ha venido disminuyendo, Canadá y México tienen el potencial de desarrollar reservas crecientes, tanto para su uso directo como para exportación. Sin embargo, estos dos países tienen enfoques diferentes hacia el desarrollo de la energía y otros recursos naturales que deben tomarse en cuenta en el proceso de trazar el mejor camino hacia delante para América del Norte.

Canadá está comprometido con mercados energéticos eficientes, inversión abierta y libre comercio en este sector. Sus vastas arenas bituminosas, otrora considerado un medio experimental demasiado costoso extracción, ahora brindan una nueva fuente viable de energía que atrae una corriente constante de inversiones multimillonarias en dólares e interés por parte de países como China, y han impulsado a Canadá al segundo lugar mundial en términos de reservas probadas. Se proyecta que la producción de los campos de arenas bituminosas llegue a 2 millones de barriles diarios en 2010. Las restricciones más serias a un mayor crecimiento son la falta de personas capacitadas y la escasez de infraestructura, incluidas la vivienda, vías de transporte y capacidad de ductos. Otra restricción son los procesos regulatorios de aprobación, que pueden reducir en forma significativa tanto los recursos como el desarrollo de infraestructura.

México es también un proveedor y cliente importante de energía en América del Norte. En 2004 ocupó el segundo lugar entre los principales exportadores de petróleo a Estados Unidos; en años anteriores estuvo de manera constante entre los cuatro principales proveedores. México obtiene una porción significativa de sus ingresos de la productora petrolera estatal (Pemex). Cuenta con importantes reservas de petróleo y gas, pero están relativamente subexplotadas. El desarrollo se ha visto obstruido por restricciones constitucionales a la propiedad, las cuales se deben a un comprensible deseo de que este activo estratégico se utilice en beneficio de los mexicanos. Esta restricción a la inversión, aunada a la ineficiente administración del monopolio estatal, Pemex, ha contribuido a la baja productividad. En consecuencia, México cuenta con una oferta cara y poco confiable de energía para sus consumidores e industrias. Ha comenzado a atraer algo de capital extranjero mediante contratos de servicios múltiples, pero las restricciones más serias a su crecimiento futuro como proveedor de energía son las que impiden el desarrollo de sus propios recursos energéticos y la baja productividad de Pemex. En esta área se requieren reformas urgentes.

Si bien la seguridad energética representa quizás el reto más crítico, es importante reconocer que el comercio en otros recursos naturales, entre ellos metales, minerales, madera y otros productos, es también esencial para el crecimiento y la seguridad económica de América del Norte. En estos otros sectores de recursos, el TLCAN no ha logrado garantizar un libre flujo de bienes. Los recursos y los productos agrícolas como madera dulce, pescado, carne de vacuno, trigo y azúcar son chispas que han encendido disputas comerciales muy visibles. El caso de la madera dulce ha conducido a algunos canadienses a cuestionar si su vecino llegaría a cumplir con el TLCAN en caso de decisiones del mecanismo de solución de controversias que vayan en contra de intereses particulares estadounidenses. Por su parte, Estados Unidos y México tampoco han cumplido con los acuerdos relativos al transporte camionero durante más de una década, y el fracaso en resolver el caso de la madera dulce entre Canadá y Estados Unidos ha afectado sus relaciones comerciales por un cuarto de siglo. Cambiar algunas reglas comerciales y el proceso de resolución de controversias puede reducir esta fricción, al igual que un esfuerzo decidido por reducir las diferencias regulatorias innecesarias dentro de América del Norte.

América del Norte cuenta con una abundante base de recursos naturales. Explotar estos recursos sobre una base sustentable de largo plazo requiere que los tres gobiernos trabajen juntos para resolver temas y asegurar el uso responsable de recursos escasos, y el libre flujo tanto de recursos como de capital a través de las tres fronteras. Como se indicó, las áreas más problemáticas del comercio transfronterizo en los 20 años pasados han sido en el comercio de recursos, en gran parte por el impacto de las diferencias regulatorias, incluidos los diferentes enfoques de asignación de precios a los recursos y protección de ingresos. Los esfuerzos por eliminar estos problemas sobre la base de mecanismos de solución de controversias no han funcionado tan bien como se preveía.

Lo que debemos hacer ahora

- **Desarrollar una estrategia de energía para América del Norte.**
Tomando en cuenta sus políticas y prioridades individuales, los tres
gobiernos necesitan trabajar juntos con el propósito de garantizar
una seguridad energética para los habitantes de sus países. Entre los
asuntos por atender están la expansión y protección de la infraestructura energética en América del Norte, las oportunidades de desarrollo,
las barreras regulatorias y las restricciones tecnológicas y de capital
humano al desarrollo acelerado de los recursos energéticos en la
región. Estos objetivos forman parte de la agenda del Grupo de
Trabajo de América del Norte sobre Energía, establecido en 2001
por los gobernantes de las tres naciones y puesto de relieve en su
reunión cumbre de 2005. Sin embargo, hasta el momento esta
iniciativa ha tenido apenas un modesto avance hacia el desarrollo de
una estrategia continental, y ni siquiera cubre el petróleo.

- **Desarrollar ampliamente los recursos energéticos mexicanos.**
Si bien es comprensible la inclinación de México a retener la propiedad total de sus recursos estratégicos, se requiere un desarrollo expandido y más eficiente de los mismos para acelerar el crecimiento económico del país. México viene perdiendo terreno en su independencia
energética, y la única forma de satisfacer demandas crecientes dentro
de su territorio es encontrar formas de desbloquear su sector energético. Pueden lograrse avances incluso dentro de las restricciones constitucionales existentes. Como se dijo antes, Canadá y Estados Unidos
pueden hacer aportaciones importantes a este esfuerzo mediante el
desarrollo de mecanismos creativos, sobre todo financieros, que lleven
a México la tecnología y el capital que se necesitan. Sin embargo,
los pasos más importantes tienen que ser dados en México, por los
mexicanos.

- **Concluir un acuerdo sobre recursos naturales de América
del Norte.** Con el fin de garantizar el desarrollo pleno de los recursos
minerales, forestales y agrícolas de América del Norte, quienes invier-
ten en un país necesitan tener confianza de que no se verán acosados
por competidores en otro. Con tal propósito, los tres gobiernos
necesitan concluir un acuerdo que reconozca el equilibrio entre la

seguridad de la oferta y la seguridad de acceso, y que contenga reglas sobre fijación de precios que reduzcan la fricción que ha dado origen a algunos de los más persistentes y difíciles irritantes bilaterales. Un acuerdo de recursos deberá también hacer frente a las barreras subsistentes al comercio de productos agrícolas, entre ellas las que se derivan de regímenes diferentes en los tres países en garantías de precios y en ingresos.

Lo que debemos hacer para el 2010

- **Adoptar un compromiso en América del Norte con un medio ambiente más limpio.** Expandir la producción de energía como impulsor de una economía continental creciente y más competitiva trae consigo la responsabilidad conjunta de dar forma a un medio ambiente más limpio y reducir la contaminación. Por ejemplo, Canadá ha firmado el Protocolo de Kyoto sobre cambio climático global, el cual ordena reducciones significativas en emisiones de gases de invernadero, pero las obligaciones de ese acuerdo no afectan a México por ser país en desarrollo, y Washington ha optado por excluirse. Un régimen norteamericano de energía y emisiones podría ofrecer una alternativa regional a Kyoto que incluya sólo a los tres países. Este esquema debe comprender un sistema de certificados negociables para el intercambio de emisiones dentro de la región, análogo al Mecanismo de Desarrollo Limpio.

- **Expandir la colaboración trinacional en conservación e innovación.** El desarrollo de nuevas tecnologías y estrategias de conservación es esencial, tanto para reducir la contaminación como para obtener el mayor provecho de las ventajas de la región en materia de recursos. Actualmente el Grupo de Trabajo sobre Energía atiende sólo un número limitado de oportunidades de colaboración relacionadas con este rubro. Futuras iniciativas deben enfocarse al desarrollo de tecnologías de desalinización, fuentes alternativas de energía, combustibles más limpios y vehículos de pasajeros más eficientes en consumo de combustible.

Creación de un Espacio Económico en América del Norte

La firma del TLCAN dio entrada a una nueva era de grandes oportunidades de comercio e inversión en toda América del Norte. El Acuerdo de Libre Comercio entre Canadá y Estados Unidos (ALC) fue la piedra fundacional para el TLCAN, al proporcionar el concepto, el marco y la sustancia para el subsiguiente acuerdo trilateral. El TLCAN no sólo redujo, sino eliminó aranceles sobre todos los bienes industriales, y en la mayoría de los casos lo hizo en menos de una década. Garantizó un comercio agrícola irrestricto entre México y Estados Unidos en un término de quince años (es el primer acuerdo comercial que retira tales barreras). Abrió el comercio en una amplia gama de servicios y proporcionó la norma más alta del mundo en la protección de propiedad intelectual. Impuso reglas claras para proteger a inversionistas y creó un marco que alienta la transparencia, el respeto a la propiedad y el respeto al estado de derecho.

Desde que este acuerdo entró en vigor, el comercio entre los tres países ha más que duplicado su valor, y la inversión intrarregional ha crecido aún más. Las exportaciones mexicanas se han elevado en más de un 250 por ciento, y las de Canadá se han más que duplicado. Sólo Canadá se ha convertido en el primer cliente de 39 estados de la nación vecina. México es el primero o segundo cliente más importante de 22 estados y, en general, el segundo más importante de país. América del Norte es hoy la zona de libre comercio más grande del mundo.

El TLCAN permitió acceso sin aranceles en la región, pero las diferentes tasas aplicadas por cada país a las importaciones obligaron a instituir un complejo sistema norteamericano de reglas de origen para poder acceder a la región bajo las condiciones del tratado. Estas reglas muchas veces aumentan el costo de transacción al grado que algunos exportadores prefieren en su lugar pagar el arancel multilateral. Además, aunque los mecanismos de solución de controversias establecidos por el TLCAN han mostrado ser un medio confiable de arreglo de la mayoría de las disputas comerciales, han sido incapaces de desahogar importantes y polémicos problemas relativos a la madera dulce, el azúcar y algunos otros productos.

En suma, falta realizar un trabajo importante para crear una zona económica común mediante la eliminación de las barreras arancelarias y no arancelarias que aún subsisten dentro de América del Norte. Las tres naciones deben también expandir la cooperación en rubros relacionados con el comercio, como la infraestructura fronteriza y de transporte; hacer un esfuerzo concertado para reducir las muchas brechas regulatorias e inconsistencias que obstruyen el flujo de comercio e invertir en forma coordinada en el capital humano de la región mediante la educación y la capacitación, así como mediante un mejoramiento de la movilidad laboral dentro del continente.

Los gobiernos de América del Norte han dado el paso innovador de crear un Comité de Acero y Comercio (NATSC, por sus siglas en inglés). Este Comité se basa en la cooperación entre industria y gobierno y se concentra en desarrollar posturas trinacionales para hacer frente a retos comunes que se plantean a la industria acerera en los tres países. Refleja el alto grado de cooperación entre gobiernos e industria; los beneficios sustanciales que provienen de posturas comunes y coordinadas de toda América del Norte en asuntos que afectan a los mercados acereros en los países socios del TLCAN; y la creencia de que el éxito económico se alcanza mejor trabajando juntos. El NATSC ha sido eficaz en establecer posturas comunes de gobierno e industria en negociaciones internacionales de comercio. También sirve para asegurar un entendimiento común gobierno-industria de los acontecimientos en el mercado del acero, incluidos los acontecimientos en otros países que podrían afectar los mercados norteamericanos, y para coordinar las acciones de gobiernos e industrias del TLCAN en temas de interés común. Las estrechas relaciones de colaboración entre las industrias acereras de América del Norte, y entre industrias y gobiernos, ofrecen un modelo a seguir para otros sectores.

Con el fin de crear un espacio económico que brinde nuevas oportunidades a los habitantes de los tres países, el Grupo de Trabajo hace las siguientes recomendaciones dirigidas a establecer un mercado integral de América del Norte, adoptar un enfoque trinacional en materia de regulación, incrementar la movilidad laboral y elevar el apoyo a programas educativos en la región.

Establecer un mercado integral para el comercio en América del Norte

Ahora que las barreras arancelarias han quedado virtualmente eliminadas y que se perciben los trazos de una economía de América del Norte, ha llegado el momento de adoptar un enfoque más amplio para fortalecer las perspectivas económicas de los ciudadanos de los tres países. El primer paso es alentar la convergencia de las tasas arancelarias a la de la nación más favorecida que cada socio aplica a las importaciones procedentes de fuera de América del Norte. Luego los gobiernos deben reducir las restantes barreras no arancelarias al flujo de bienes y servicios, y atender problemas derivados de discriminación en precios y subsidios a competidores dentro de América del Norte. Por último, deben coordinar su trato respecto de prácticas desleales de comercio de proveedores externos al mercado norteamericano. El fin último debe ser crear un mercado integral para proveedores y consumidores en toda América del Norte.

Las recomendaciones específicas que aquí se expresan requieren que los tres gobiernos avancen más allá de los confines de los actuales marcos regulatorios y legales y aborden los elementos restantes del proyecto de libre comercio con el cual se comprometieron en el ALC y el TLCAN. También significa que deben atender con creatividad asuntos difíciles, como los diferentes enfoques hacia el comercio con terceros países y las normas conflictivas entre acuerdos de libre comercio negociados en la pasada década. Las modernas tecnologías y los patrones cada vez más profundos de producción industrial hacen posible y fructífero explorar esta próxima etapa de facilitación del libre comercio.

Estos objetivos no sólo profundizarán y fortalecerán la economía de América del Norte: también elevarán la seguridad de la región. Si los oficiales fronterizos no necesitan inspeccionar los orígenes de productos que cruzan la frontera y se preocupan menos por otros asuntos de rutina en las aduanas, podrán concentrar más recursos en prevenir la entrada peligrosa o ilícita de personas y bienes procedentes de fuera de América del Norte.

Lo que debemos hacer ahora

- **Adoptar un arancel externo común.** Recomendamos que los tres gobiernos convengan aranceles externos comunes, sector por sector, con base en la tasa vigente más baja consistente con sus obligaciones multilaterales. El esfuerzo deberá empezar por los bienes en los que las tasas actuales estén más cercanas entre sí y luego proceder a cerrar brechas mayores, con el objetivo de adoptar un arancel externo común que elimine la necesidad de reglas de origen y facilite más la integración y el mejor uso de escasos recursos.

- **Revisar los sectores del TLCAN que quedaron excluidos, y los aspectos que no se han aplicado por completo.** Cada una de las tres naciones decidió excluir unilateralmente del TLCAN ciertos sectores y asuntos. Algunos siguen siendo temas delicados; otros pueden estar listos para revisión. Además, varios elementos no se han aplicado en la forma prevista. Algunos cambios—por ejemplo, la negociación de un acuerdo sanitario para promover el comercio agrícola, o expandir el acuerdo de servicios del TLCAN para incluir el cabotaje—serían útiles, pero también difíciles. Proponemos una revisión de alto nivel para examinar todos estos temas y formular recomendaciones sobre la manera de ampliar la cobertura del TLCAN.

- **Establecer un tribunal permanente para la solución de controversias en América del Norte.** El actual proceso de solución de controversias en el TLCAN está basado en paneles *ad hoc* que no son capaces de construir memoria institucional ni de sentar precedentes, que pueden estar sujetos a conflictos de interés, y que son designados por autoridades que pudieran tener un incentivo para demorar determinado procedimiento. Como demuestra la eficiencia del proceso de apelación en la Organización Mundial del Comercio (OMC), es probable que un tribunal permanente aliente una resolución más expedita, consistente y predecible de controversias. Además, hay que revisar los fallos de los mecanismos de solución de controversias del TLCAN para darles mayor eficiencia, transparencia y eficacia.

- **Instaurar un enfoque conjunto sobre prácticas desleales de comercio.** El empleo de derechos compensatorios y de antidumping por una nación de América del Norte contra otra ha generado considerable mala voluntad, aunque ha habido un constante descenso en el uso de estos remedios comerciales; han surgido algunos casos nuevos en los sectores industriales, y los casos más difíciles se limitan actualmente al comercio de recursos naturales y agrícola. Ha llegado el momento de adoptar un enfoque unificado para hacer frente al reto interno y externo de prácticas desleales de comercio, comenzando por suspensiones por etapas en sectores de leyes que gobiernan dichas prácticas.

Lo que debemos hacer para el 2010

- **Establecer una comisión trinacional de competencia.** Una vez que los tres gobiernos hayan concluido el acuerdo de recursos arriba descrito y definido las etapas para la suspensión de los procedimientos de impuestos antidumping y compensatorios para todos los sectores, deben también instaurar una comisión trinacional—una especie de entidad continental de competencia—que haga frente a prácticas nocivas de subsidios, promueva la sana competencia y proteja contra la fijación depredadora de precios. Al mismo tiempo deben desarrollar normas compartidas para identificar y responder en forma colectiva a las prácticas desleales de comercio de fuentes externas a América del Norte.

Adoptar un enfoque hacia la regulación en América del Norte

Subsisten importantes diferencias en materia regulatoria dentro del espacio económico de América del Norte. A medida que en el resto del mundo se derrumban otras barreras al comercio, como los aranceles, la eficiencia regulatoria cobra cada vez mayor importancia como fuente de ventaja competitiva. México, Canadá y Estados Unidos han desarrollado, cada uno por su parte, reglas para proteger su medio ambiente y el bienestar de sus ciudadanos. Los tres comparten los mismos objetivos generales, pero en la práctica sus reglas han evolucionado en gran parte de manera aislada. En muchos casos, el resultado es lo que se ha denominado "la tiranía de pequeñas diferencias", la cual impone altos costos económicos aun cuando los objetivos, procesos, normas y resultados regulatorios pueden ser muy similares.

Los costos más obvios de las diferencias regulatorias innecesarias se cargan a las empresas y a los consumidores. Las reglas que fragmentan el mercado de América del Norte reducen las economías de escala y desalientan la especialización, la competencia y la innovación. Una conjunción de reglas crearía de hecho un mercado más grande, el cual conduciría a exportaciones más competitivas y a precios más bajos al consumidor en toda América del Norte.

Además de elevar los costos para las empresas y los consumidores de acatar las normas, la regulación fragmentada incrementa los costos administrativos para gobiernos y contribuyentes. Los mecanismos reguladores de Canadá y México deben tratar de lograr los mismos resultados que sus contrapartes en Estados Unidos, aunque sólo sea con una fracción de los recursos con que éstos cuentan. Además, como mucho del trabajo administrativo resultante se lleva a cabo en puntos fronterizos, las diferencias regulatorias tienen un impacto particularmente dañino en demoras y congestiones en la frontera, pues el volumen de comercio dentro de América del Norte rebasa la capacidad de su infraestructura fronteriza.

Por último, las diferencias regulatorias pueden tener impacto negativo precisamente en los resultados ambientales y de salud que esas mismas regulaciones pretenden salvaguardar. Los retrasos innecesarios en la aprobación de la venta y distribución de productos innovadores pueden evitar el acceso oportuno a nuevos productos farmacéuticos o tecnología médica que podrían salvar vidas, o a nuevos fertilizantes o químicos que podrían ayudar a plantas industriales o productores agrícolas a trabajar mejor en la protección del ambiente.

Un enfoque de colaboración en la reforma regulatoria ayudaría a los tres países a expandir las oportunidades económicas en la región y a fortalecer la protección del ambiente, la salud y la seguridad, así como otros objetivos compartidos de política regulatoria. Si bien cada país debe conservar el derecho a imponer y mantener normas individuales en consonancia con sus prioridades nacionales y nivel de ingreso, los tres países deben llevar a cabo un esfuerzo concertado para alentar la convergencia regulatoria.

Los tres gobernantes destacaron la importancia de atender este tema en su reunión cumbre de marzo de 2005 en Texas. La Alianza para la Seguridad y Prosperidad de América del Norte que firmaron reconoce la necesidad de un enfoque más dinámico en construir la fortaleza económica del continente, además de garantizar su seguridad. Con esta finalidad, pone énfasis en los asuntos regulatorios. Funcionarios de los tres países han formado una serie de grupos de trabajo encabezados por miembros designados del gabinete. Estos grupos han recibido la instrucción de producir un plan de acción para aprobación de los tres mandatarios hacia finales de junio de 2005, y de informar con regularidad de allí en adelante.

Acogemos con beneplácito la iniciativa de los tres líderes y los instamos a conceder a este tema los recursos y la atención que merece. Nuestra propia investigación y análisis subrayó la naturaleza clave de desarrollar un enfoque regulatorio norteamericano para atender problemas de infraestructura fronteriza, crear un mercado integral en América del Norte, resolver asuntos de comercio de recursos y construir una confianza mutua como socios en seguridad. Con el fin de demostrar los beneficios de desarrollar este enfoque regulatorio norteamericano, ofrecemos tres recomendaciones de acción inmediata.

Lo que debemos hacer ahora

- **Garantizar la rápida aplicación del plan de acción regulatorio para América del Norte.** Las empresas y otros actores interesados deben trabajar estrechamente con los gobiernos de los tres países para identificar oportunidades de acción inmediata en sectores individuales y procesos de más largo plazo cuya resolución pudiera tener un impacto importante en mejorar la competitividad de América del Norte y elevar la protección de la gente y del medio ambiente. Para agilizar el proceso, los gobiernos de los tres países deben poner énfasis desde ahora en cuantificar tanto los costos asociados a las diferencias regulatorias, como los beneficios potenciales que podrían lograrse mediante varias formas de convergencia regulatoria, entre ellas la armonización hacia la norma más alta vigente, el reconocimiento mutuo, el reconocimiento recíproco (en materia de licencias), la interoperabilidad, el desarrollo de nuevas normas en colaboración, y la adopción unilateral de las normas del otro país.

- **Acordar sectores prioritarios para acción inmediata.** Si bien todos los sectores de la economía ofrecen oportunidades de mayor convergencia regulatoria a medida que se cierre la brecha de desarrollo, se requiere acción inmediata en sectores donde los costos son más altos y que son esenciales para promover la integración económica. El Grupo de Trabajo visualiza tres sectores como prioridades inmediatas en el contexto de incrementar la competitividad de América del Norte:

○ **Cielos y caminos abiertos.** La eficiencia de la red de transporte es decisiva para hacer de América del Norte un lugar más competitivo para invertir y producir, y para extender los beneficios del crecimiento económico a todos los rincones del continente. Entre otras reformas regulatorias, los gobiernos deben considerar los beneficios de permitir a firmas transportistas de los tres países acceso ilimitado al territorio de los demás, con inclusión de una autorización de cabotaje total (comercio entre dos puntos dentro de un país, por ejemplo, una camionera canadiense que lleve carga de Chicago a Los Angeles o una aerolínea estadounidense que traslade pasajeros entre la ciudad de México y Monterrey) de aerolíneas y transportistas terrestres.

○ **"Una sola prueba" para biotecnología y productos farmacéuticos.** El costo y calidad de la atención a la salud es un tema crítico en los tres países. La biotecnología y los productos farmacéuticos desempeñan un papel vital en el suministro de nuevos tratamientos que mejora la salud y que a menudo también reducen costos, pero que enfrentan costos enormes en su desarrollo y en la obtención de la aprobación regulatoria correspondiente. La investigación preliminar indica que la cooperación regulatoria en las áreas de fármacos humanos y veterinarios, aparatos médicos, control de plagas y productos químicos elevaría el valor de las ventas en esos sectores en más de 10 por ciento, las utilidades en 8 por ciento y la tasa de recuperación de inversión en nuevos productos en un promedio de 4.8 por ciento. Dos posibles enfoques para reducir la carga regulatoria y mantener a la vez normas rigurosas de protección de la salud y seguridad serían adoptar un principio de "una sola prueba", según el cual un producto probado en un país satisfaga las normas de los otros, o establecer un centro de prueba para América del Norte con personal de cada país.

○ **Integrar protección de alimentos, salud y medio ambiente.** El mercado en América del Norte de productos agrícolas y alimenticios ya está muy integrado, y la intensa perturbación de este mercado por sólo dos casos de la enfermedad de las vacas locas demuestra la necesidad de garantizar que los procesos regulatorios estén tan integrados como sus mercados relevantes. Una mayor cooperación es también esencial para ofrecer respuestas efectivas a amenazas a la salud de humanos y animales, y al medio ambiente de América del Norte.

- **Convertir las normas de América del Norte en el enfoque de preferencia para adoptar nuevas reglas nacionales.** A la vez que se hace un esfuerzo para eliminar las diferencias regulatorias existentes tan pronto como sea posible, también es importante que los reguladores consideren la dimensión norteamericana al elaborar nuevas reglas. Con este fin, debe utilizarse el marco de la Alianza para la Seguridad y la Prosperidad para establecer un nuevo mecanismo que permita mayor colaboración y consulta entre los tres países, en todos los niveles de gobierno, al desarrollar y adoptar nuevas normas. Cada jurisdicción retendría el derecho soberano a elaborar reglas dentro de sus fronteras, pero como principio, normas individuales de aplicación nacional sólo se adoptarían cuando no exista un enfoque internacional o continental, cuando no concurran circunstancias o prioridades únicas nacionales, o cuando se abrigue una bien fundada falta de confianza en las prácticas regulatorias de los otros socios. El nuevo mecanismo trinacional debe también encargarse de identificar medidas conjuntos para asegurar una aplicación consistente de las nuevas reglas conforme se desarrollan.

Incrementar la movilidad laboral dentro de América del Norte

La gente es el recurso de mayor valor en América del Norte. Bienes y servicios cruzan las fronteras con facilidad; asegurar el tránsito legal de los trabajadores en América del Norte es más difícil. La experiencia con el sistema de visado del TLCAN indica que es necesario simplificar sus procedimientos, y tales visados deben ponerse a disposición de una gama más amplia de ocupaciones y de categorías adicionales de individuos, como estudiantes, profesores, legítimos visitantes frecuentes, y jubilados.

Para obtener el mayor provecho de la impresionante reserva de destreza y talento que existe en América del Norte, los tres países deben

poner la mira más allá del sistema de visado del TLCAN. El gran
volumen de inmigrantes indocumentados de México a Estados Unidos
es un asunto urgente que esos dos países deben atender. Un objetivo
de largo plazo sería crear una "preferencia norteamericana": nuevas reglas
que dieran muchas mayores facilidades de desplazamiento a empleados, y
a los empleadores para reclutar personal a través de fronteras nacionales
dentro del continente. Esto incrementaría la competitividad de América
del Norte, elevaría la productividad, contribuiría al desarrollo de México
y atendería uno de los principales temas de la agenda bilateral México-
Estados Unidos.

Canadá y Estados Unidos deben considerar eliminar por completo
las restricciones a la movilidad laboral entre sí y trabajar en soluciones
que, a la larga, puedan permitir la extensión de la plena movilidad
laboral también hacia México.

LO QUE DEBEMOS HACER AHORA

- **Expandir los programas de trabajadores temporales.** Canadá
  y Estados Unidos deben expandir sus programas para la contratación
  de trabajadores temporales mexicanos. Por ejemplo, el exitoso modelo canadiense para manejar la migración temporal en el sector agrícola
  debe extenderse a otros sectores donde productores canadienses tienen escasez de trabajadores y México tiene superávit de mano de
  obra calificada para ello. A los jubilados canadienses y estadounidenses que viven en México se les deben conceder permisos de trabajo
  en ciertos sectores, por ejemplo como maestros de inglés.

- **Instaurar el Acuerdo de Totalización de Seguridad Social
  negociado entre Estados Unidos y México.** Este acuerdo reconoce las aportaciones hechas por nómina a los sistemas se seguridad
  social del otro país, lo cual evitaría la doble tributación.

LO QUE DEBEMOS HACER PARA EL 2010

- **Crear una "preferencia norteamericana."** Canadá, Estados
  Unidos y México deben acordar reglas sistematizadas de inmigración
  y movilidad laboral que permitan a ciudadanos de los tres países
  trabajar en cualquier lugar de América del Norte con menos restricciones que los inmigrantes de otros países. Este nuevo sistema deberá

ser a la vez más amplio y sencillo que el actual sistema de visado del TLCAN. Deberá concederse estatuto migratorio especial a maestros, catedráticos universitarios y estudiantes en la región.

- **Avanzar hacia la plena movilidad laboral entre Canadá y Estados Unidos.** Para que las compañías radicadas en Norteamérica sean tan competitivas como sea posible en la economía global, Canadá y Estados Unidos deben considerar eliminar todas las barreras restantes a la capacidad de sus ciudadanos de vivir y trabajar en el otro país. El libre flujo de personas ofrecería una importante ventaja a los empleados de ambos países al darles rápido acceso a una reserva más grande de trabajo calificado, y elevaría el bienestar de individuos en ambos países al permitirles trasladarse con rapidez hacia donde sean requeridas sus habilidades. A largo plazo, los dos países deben colaborar para extender esta política también hacia México, aunque hacerlo no será práctico en tanto las diferencias salariales entre este país y sus vecinos norteamericanos no hayan disminuido en forma considerable.

- **Reconocimiento mutuo de normas y grados profesionales.** Las asociaciones profesionales de cada una de las tres naciones toman decisiones referentes a normas para aceptar profesionales de otros países. Sin embargo, pese a que el TLCAN ya alienta el mutuo reconocimiento de grados profesionales, poco se ha hecho en realidad. Los tres gobiernos deben dedicar más recursos a dirigir y crear incentivos que estimulen a las asociaciones profesionales de cada país a desarrollar normas compartidas que faciliten a corto plazo la movilidad de trabajo profesional dentro de América del Norte.

Apoyar un programa educativo América del Norteno

Dados sus vínculos históricos, culturales, geográficos, políticos y económicos, los países de América del Norte deben tener la mayor y más vibrante red de intercambio educativo del mundo. En la actualidad no es así.

Pese a que México es el segundo socio comercial más importante de Estados Unidos, ocupa apenas el séptimo lugar en el envío de estudiantes a su vecino del norte. En 2004 sólo 13,000 estudiantes mexicanos universitarios y de postgrado asistían a universidades estado-unidenses. De modo similar, Canadá es el mayor socio comercial estado-unidense, pero ocupa apenas el quinto lugar en intercambios educacionales, con 27,000 estudiantes en Estados Unidos, en comparación con 80,000 de India, seguida de China, Corea del Sur y Japón. El número de mexicanos que estudian en Canadá sigue siendo muy bajo: unos 1,000. Y si bien hay estudiantes estadounidenses en todo el mundo, relativamente pocos van a México o Canadá. Estas cifras deben incrementarse considerablemente para profundizar familiarizadla identidad norteamericana e incrementar el conocimiento mutuo.

LO QUE DEBEMOS HACER AHORA

- **Crear un importante fondo de becas para que estudiantes universitarios y de postgrado estudien en los otros países de América del Norte y aprendan los tres idiomas de la región.** Para muchos, realizar estudios en el extranjero sólo es posible con ayuda económica. Muchas becas, incluidas las del Fondo para el Mejoramiento de la Educación Post Secundaria (FIPSE, por sus siglas en inglés), que ha apoyado becas desde y hacia los tres países norteamericanos, se han reducido o suspendido. El estudio transfronterizo dentro de América del Norte de canadienses, estadounidenses y mexicanos debe expandirse para que refleje nuestros intercambios comerciales. Para ilustrar la escala de esta propuesta, significaría que unos 60,000 mexicanos estudien en Estados Unidos y Canadá, y a que números comparables de canadienses y estadounidenses estudien en otro país de América del Norte. Urgimos a los gobiernos estatales, provinciales y federales a que ya comiencen a otorgar fondos para esas becas. Un posible enfoque sería expandir los programas Fullbright existentes. Las becas deben incluir cursos de "inmersión" en cada uno de los tres países, en español, francés e inglés, y animar a los alumnos a proseguir sus estudios en cualquiera de los otros dos países de la región.

- **Desarrollar una red de centros de estudios sobre América del Norte.** La Unión europea apoya centros de estudios europeos en 15 universidades de Estados Unidos, así como 12 Cátedras Jean Monnet. Estos centros, financiados por aportaciones anuales de unos

250,000 dólares cada uno, realizan conferencias, promueven cursos e investigaciones sobre la Unión europea y promueven intercambios de estudiantes y profesores con universidades europeas. El Departamento de Educación de los Estados Unidos concede ayuda similar para apoyar estudios de idiomas e internacionales fuera de América del Norte, pero no en Canadá o México. Eso debe cambiar.

Recomendamos que los tres gobiernos abran una competencia y concedan fondos a universidades en cada uno de los tres países para promover cursos, educación e investigación sobre América del Norte y ayuden a las escuelas elementales y secundarias a impartir enseñanza sobre la región. También podrían administrar programas de becas. Para apoyar este esfuerzo, debe llevarse a cabo una cumbre estudiantil periódica en cada unas de las tres naciones.

- **Promover el aprendizaje vía Internet dentro de América del Norte.** Una forma natural de encauzar la comunicación entre México, Canadá y Estados Unidos es mediante instrumentos de aprendizaje vía Internet. Entre los ejemplos actuales está el programa YouthLinks de la Fundación Histórica de Canadá, el cual permite a estudiantes de nivel medio superior conectarse con sus homólogos en otras regiones de Canadá y en todo el mundo, y el Programa de Conectividad Escolar (SCP, por sus siglas en inglés) emprendido por el Departamento de Estado de los Estados Unidos, el cual instala computadoras con acceso a Internet en escuelas de naciones que carecen de acceso a la tecnología de cómputo. Este programa debe extenderse a México y a Canadá.

- **Desarrollar programas de intercambio y capacitación de profesores de nivel elemental y secundario.** Esto ayudaría a derribar barreras idiomáticas y dar a algunos estudiantes un mayor sentido de identidad norteamericana. También deben hacerse mayores esfuerzos por reclutar maestros mexicanos de idiomas para que enseñen español en Estados Unidos y Canadá.

- **Desarrollar programas de "escuela hermana" e intercambio estudiantil.** Estudiar y vivir en otro país, o alojar a un estudiante extranjero de intercambio, fomenta el entendimiento cultural. Recomendamos que estados y municipios alienten el desarrollo de programas de "escuela hermana" en los niveles secundario y universitario para que incluyan el intercambio anual de estudiantes entre las escuelas participantes.

- **Promover formas imaginativas de construir lazos norteamericanos.** Las fundaciones e institutos de investigación pueden diseñar la forma en que instituciones públicas y privadas aborden un concepto nuevo, como es la comunidad de América del Norte. Exhortamos a las fundaciones e institutos de investigación a brindar apoyo e investigación para atender asuntos continentales y desarrollar programas de estudios que permitan a los ciudadanos de nuestras tres naciones mirarse los unos a los otros de manera diferente que en el pasado.

De la visión a la acción: Instituciones para guiar las relaciones trinacionales

El progreso eficaz requerirá nuevas estructuras y esquemas institucionales para impulsar la agenda y administrar las relaciones más profundas que vendrán en consecuencia.

México, Canadá y Estados Unidos comparten ya una rica red de vínculos institucionales. Un estudio reciente del gobierno canadiense identificó 343 tratados formales y cientos de arreglos informales o semi-institucionales tan sólo con los Estados Unidos. Por su parte, México cuenta con más de 200 tratados y acuerdos formales con su vecino del norte. Existen menos arreglos entre Canadá y México, pero la red de contactos es sustancial y crece.

Lo que se requiere ahora es un número limitado de nuevas instituciones que den mayor dirección y energía a los arreglos existentes. Con este fin, el Grupo de Trabajo recomienda los siguientes cambios institucionales, que se complementan unos a otros.

Lo que debemos hacer ahora

- **Una reunión anual cumbre de América del Norte.** No hay forma más sucinta y poderosa de demostrar a la gente de los tres países la importancia del concepto norteamericano que reunir a los presidentes mexicano y estadounidense—y al primer ministro canadiense—por lo menos una vez al año.

- **Fortalecer estructuras gubernamentales.** Para garantizar que las reuniones cumbres realicen su pleno potencial, cada gobierno debe dar pasos para reforzar la capacidad de sus estructuras internas para atender con eficiencia e imaginación los asuntos de América del Norte. Entre los pasos a tomar está el de fortalecer los lazos entre gobiernos, como hicieron los tres gobernantes en su reunión de marzo en Texas, estableciendo grupos de trabajo encabezados por ministros, los cuales deben rendir informes en los siguientes 90 días y reunirse con regularidad.

- **Un Consejo Asesor de América del Norte.** Para garantizar un insumo cotidiano de creatividad en los diversos esfuerzos relativos a la integración de América del Norte, los tres gobiernos deben designar un cuerpo independiente de asesores. Este grupo debe estar compuesto por personas eminentes y ajenas al gobierno, nombradas para periodos multianuales alternados para asegurar su independencia. Su mandato será abocarse a la exploración creativa de nuevas ideas desde una perspectiva de América del Norte y constituir una "voz" pública norteamericana. Un enfoque complementario sería establecer organismos privados que se reunieran con regularidad, o cada año, para impulsar las relaciones continentales, siguiendo la línea de las conferencias de Bilderberg o Wehrkunde, organizadas para apoyar las relaciones trasatlánticas.

- **Un Grupo Interparlamentario de América del Norte.** El Congreso de Estados Unidos juega un papel decisivo en la política estadounidense hacia México y Canadá, y lleva a cabo reuniones anuales con contrapartes de ambos países. No existe en la actualidad un programa trinacional. Los intercambios interparlamentarios bilaterales pueden verse afectados por una participación limitada, sobre todo de los legisladores más influyentes. El Grupo de Trabajo recomienda que las reuniones bilaterales se realicen sólo cada tercer año y que los tres socios de América del Norte formen un grupo interparlamentario trinacional para reunirse en el año alternativo. El Consejo Asesor de América del Norte podría preparar la agenda y apoyar esas reuniones.

Para involucrar a miembros importantes de los parlamentos, podrían participar miembros de los gabinetes cuando la agenda se refiera a sus áreas de responsabilidad.

Conclusión

Los retos globales que enfrenta América del Norte no pueden enfrentarse sólo mediante esfuerzos unilaterales, o bilaterales, o mediante los parámetros existentes. Requieren una cooperación más profunda, basada en el principio, sostenido en la declaración conjunta de México, Canadá y Estados Unidos de marzo de 2005, de que "nuestra seguridad y prosperidad son dependientes y complementarias entre sí".

Establecer una comunidad económica y de seguridad para América del Norte para el 2010 es un objetivo ambicioso, pero asequible, el cual es consistente con ese principio y, lo que es más importante, impulsa los objetivos y valores de los ciudadanos de América del Norte que comparten el deseo de alianzas seguras y protegidas, oportunidad y prosperidad económicas y fuertes instituciones democráticas.

Posturas adicionales y disidentes

Hay mucho en este informe que debe generar apoyo, en especial el objetivo de una comunidad norteamericana que incluya a un México plenamente desarrollado. Me sentí particularmente honrado de que el Grupo de Trabajo me haya pedido preparar un documento sobre educación. Sin embargo, existen ciertos puntos claves con los cuales no estoy de acuerdo. En ocasiones los estados ceden soberanía individual en aras de un enfoque conjunto o común porque es la mejor manera de resolver un problema. Pero en estas transacciones los beneficios deben superar los costos. No estoy convencido de que los beneficios de un perímetro común de seguridad compensen los riesgos de armonizar las regulaciones de visado y asilo. Por ejemplo, los problemas del caso Arar ilustran los peligros. En cuanto al medio ambiente, el proyecto de desvío de aguas de Dakota del Norte amenaza a su vecina Manitoba y hace caso omiso del Tratado de Aguas Limítrofes de 1909. El compromiso con un medio ambiente norteamericano más limpio debe ser más sólido, y sin duda no puede esperar hasta 2010. Por último, no estoy de acuerdo en revisar las secciones del TLCAN que se excluyeron desde un principio: la protección cultural y la prohibición de exportaciones de agua a granel deben permanecer bajo jurisdicción nacional, no conjunta.

Thomas S. Axworthy

Apoyo el informe del Grupo de Trabajo y sus recomendaciones orientadas a construir una América del Norte más próspera y segura. La

161

prosperidad económica y un mundo a salvo del terrorismo y de otras amenazas a la seguridad están sin duda vinculados inextricablemente. Si bien los gobiernos desempeñan un papel invaluable en ambos aspectos, debemos poner énfasis en el imperativo de que la inversión económica sea conducida y perpetuada por el sector privado. No existe una fuerza probada como la del mercado para alinear incentivos, obtener capital y producir resultados como los mercados financieros y las empresas lucrativas. Esto es necesario sencillamente para sostener un mayor nivel de vida para los más pobres entre nosotros, que es sin duda la medida por la cual debemos juzgar nuestro éxito. Como tales, los fondos de inversión y los mecanismos financieros deben ser tenidos como instrumentos atractivos por quienes aportan el capital, y sólo deben desarrollarse en conjunción con los participantes en el mercado.

Heidi S. Cruz

Por valiosas razones de organización, una de las recomendaciones más importantes del informe del Grupo de Trabajo aparece en las páginas finales: instar a una reunión cumbre anual de los gobernantes de América del Norte. Escribimo por separado para subrayar la importancia de esta recomendación.

Una cumbre anual de los dirigentes de América del Norte hará más por alcanzar nuestro objetivo de crear una comunidad norteamericana que virtualmente cualquiera de las demás recomendaciones del informe. Como hemos visto con las cumbres anuales del Grupo de los Siete/Ocho (G-7/8) y de la APEC, las reuniones regulares de gobernantes no sólo promueven un sentido de comunidad y objetivos compartidos, sino que encauzan cada año a las diversas burocracias a trabajar sobre esos objetivos comunes. Ya sea en materia de seguridad, educación o integración y desarrollo económicos, las cumbres anuales impulsarán un proceso que agilice los objetivos que trazamos en nuestro informe. Y un aspecto más pertinente es que una reunión cumbre anual puede anunciarse y ponerse en práctica de inmediato, lo cual dará ímpetu tangible al buen principio logrado en la Cumbre de 2005 y a los objetivos que promovemos aquí.

Nelson W. Cunningham
con
Wendy K. Dobson

El Grupo de Trabajo ha hecho un trabajo excelente al preparar un magnífico informe; sin embargo, me gustaría añadir dos aclaraciones:

El informe deberá exhortar a México, Canadá y Estados Unidos a adoptar un arancel común de nación más favorecida a las importaciones y no un arancel externo común. Cada uno de los países ha negociado una vasta red de acuerdos de libre comercio que hace imposible adoptar un arancel externo común. Me agradaría mucho apoyar el único arancel externo común posible: cero derechos para todos los bienes sobre la base de nación más favorecida.

Entiendo el deseo de contar con un tribunal permanente de resolución de controversias, pero me parece que es innecesario para las comerciales. Apoyo el llamado del Grupo por un mejoramiento del mecanismo de resolución de controversias del TLCAN para evitar la actual interferencia que representa la selección de panelistas por razones políticas.

Luis de la Calle Pardo

Apoyo las recomendaciones de consenso contenidas en este informe del Grupo de Trabajo. Si se llevan a la práctica, mejorarán la prosperidad y seguridad de los tres países. Advierto que las recomendaciones económicas del informe son considerablemente más extensas que las de seguridad. Si bien este desequilibrio es comprensible dada la naturaleza consensual del informe, creo que las tres naciones deben intensificar la cooperación en una gama aún más amplia de temas de seguridad nacional e interior, entre ellos la aplicación de la ley, la inteligencia, la seguridad del transporte, la protección de infraestructura crítica, la defensa contra amenazas biológicas, químicas, radiológicas, nucleares y de misiles balísticos, y el manejo de incidentes. Mientras los tres gobiernos consideran este informe y reflexionan en la mejor manera de avanzar hacia una América del Norte más próspera y segura, los insto a vincular en forma más estrecha la puesta en práctica de la agenda económica aquí descrita y la implantación de una agenda de seguridad más intensa. Puesto que Estados Unidos tiene relativamente menos que ganar con la reforma económica trilateral, y relativamente más con la reforma trilateral en seguridad, el gobierno de Washington en particular deberá insistir en no menos que paridad entre las agendas económicas y de seguridad.

Richard A. Falkenrath
con
Allan Gotlieb

La integración de América del Norte debe funcionar para el ciudadano promedio. Los flujos mayores de comercio e inversión sólo mejorarán el nivel de vida de la mayoría de la población cuando existan políticas públicas adecuadas para impulsar la cohesión social y económica.

La cohesión económica y social en México interesa a la integración de América del Norte porque tendrá por resultado una expansión del mercado interno y reducirá los flujos de emigración indocumentada hacia el norte, lo cual elevará la seguridad en México, Canadá y Estados Unidos.

Las reformas para reducir la pobreza y la desigualdad en México deben empezar desde adentro. México debe concentrarse en lograr educación primaria universal, promover la igualdad de género y fortalecer a las mujeres; construir redes integradas de infraestructura, agua e instalaciones sanitarias; aplicar ciencia, tecnología e innovación al desarrollo, y promover la sustentabilidad ambiental. Como muchos mexicanos han afirmado, construir la nueva base impositiva, junto con el fortalecimiento de la instancia antimonopólica de la nación y de su capacidad regulatoria, es esencial para incrementar la competitividad. El gobierno necesita construir la infraestructura—humana, física e institucional—para aprovechar las ventajas de la integración norteamericana.

La ciudadanía económica y social en América del Norte implica la capacidad de los ciudadanos de ejercer presión para la instauración de una política económica inclusiva en la propia patria y participar en la economía internacional. En la medida en que los ciudadanos de las tres naciones vean que la integración norteamericana aporta beneficios concretos, se dinamizará una nueva base ciudadana en apoyo a estos esfuerzos en los años por venir.

Carlos Heredia

El informe del Grupo de Trabajo está bien hecho y es sumamente constructivo, pues ofrece cantidad de importantes y valiosas indicaciones que fortalecerán la prosperidad, la seguridad y el buen gobierno en toda la región. Tengo diferencias respecto del tiempo de aplicación de dos de las recomendaciones.

Primero, con respecto al Fondo de Inversión para América del Norte que el Grupo recomienda establecer *ahora* como medio de mejorar la infraestructura y educación en México, creo que deberíamos crear el fondo sólo *después* de que México haya adoptado las políticas que el Grupo recomienda como necesarias para mejorar el desarrollo económico del país. En mi opinión cualquier Fondo de Desarrollo debe alentar los esfuerzos que México emprenda para avanzar en su desarrollo económico, y no establecerse con anterioridad a ellos.

En segundo lugar, si bien apoyo decididamente la recomendación de que los tres gobiernos coordinen su tratamiento de las prácticas desleales de comercio, yo designaría a la Comisión Trinacional de Competencia *ahora* (no en 2010) y le asignaríamos la responsabilidad de decidir la mejor forma de lograr un enfoque unificado respecto del comercio desleal, tanto interno como externo. Las suspensiones por etapas son un método, pero la comisión también necesitará considerar reglas por aplicar en el caso de que los subsidios sean concedidos por un gobierno fuera de América del Norte o por un gobierno central, local o estatal dentro de la región.

Carla A. Hills
con
Wendy K. Dobson
Allan Gotlieb
Gary C. Hufbauer
Jeffrey J. Schott

Este informe intenta hacer recomendaciones que sean tanto pragmáticas como aplicables por las partes. En lo referente a instituciones, el primer paso pragmático que debe darse es utilizar, apoyar y dinamizar las instituciones existentes. La Comisión de Cooperación Ambiental de América del Norte es uno de esos organismos. Con un mandato amplio sobre temas comerciales y ambientales, impulsa medios y mecanismos de participación pública original. Deberá recibir mayor atención de los tres gobiernos, así como un apoyo económico más serio.

Pierre Marc Johnson

Apoyo decididamente las conclusiones del Grupo de Trabajo y estoy de acuerdo con la mayoría de las recomendaciones específicas contenidas en este informe. Al mismo tiempo, me preocupa que el informe dedique poca atención a la forma en que pueden aligerarse los costos de la integración regional y distribuirse con mayor equidad los beneficios de ella. En consecuencia, el Grupo parece proponer una forma de integración que producirá grandes números de perdedores, al igual que de ganadores.

Por ejemplo, el informe no menciona la necesidad de políticas compensatorias o de remedio de cualquiera de los tres gobiernos, en especial Canadá y Estados Unidos. Mucho menos sugiere algún mecanismo trinacional para ayudar a los perjudicados por la integración económica. En cambio parece aceptar la presunción de que la integración económica siempre beneficia al ciudadano promedio, presunción que debe ser atemperada por un entendimiento de la forma en que la integración opera con frecuencia en el mundo real. Por ejemplo, existen economías de escala en el comercio internacional, que dan ventaja a las grandes empresas sobre los pequeños productores. En este contexto, las políticas para apoyar a las pequeñas empresas—entre otras medidas de remedio—merecen mayor consideración.

La comunidad propuesta por el Grupo de Trabajo tiene mucho de recomendable, pero no es la única comunidad norteamericana que debe crearse. En última instancia, el atractivo y el éxito de la integración regional dependerán de lo bien que una alianza norteamericana más profunda sirva en realidad a los intereses del promedio de los ciudadanos de los tres países.

Chappell H. Lawson

Apruebo el informe de la Comisión, con la excepción de los capítulos sobre la migración y la seguridad. En lo que respecta a la seguridad energética, creo que es preciso que se tome en cuenta el derecho soberano de cada nación a definir su propia estrategia.

Beatriz Paredes

Este informe expresa una visión y ofrece ideas específicas para profundizar la integración de América del Norte. Lo avalo con entusiasmo, pero agregaría dos ideas para dinamizar el esfuerzo y asegurar su puesta en práctica: una unión aduanera y una reorganización del gobierno estadounidense.

El informe recomienda que los tres gobiernos negocien una tarifa externa común sector por sector, pero algunos sectores evitarán que se concluya y dejarán intactas las complejas reglas de origen. Resulta paradójico, pero, como ocurrió con el TLCAN, es más fácil que prospere un objetivo más audaz que uno tímido. Deberemos negociar una unión aduanera en el curso de cinco años. Sólo eso eliminará las reglas de origen. No será fácil, pero no será más difícil que el TLCAN, y movilizar apoyo para dicha unión dará vigor a todo el proyecto norteamericano.

La integración de América del Norte ha creado sutilmente una agenda local que es de alcance continental. El gobierno estadounidense no está organizado para atender esta agenda con imaginación. Enfrentados a transacciones difíciles entre intereses privados y norteamericanos, tendemos a escoger la opción privada y de corto alcance. Esto explica la frustración de México y Canadá. Para remediar este problema crónico, el presidente Bush debe nombrar un asistente especial para asuntos de América del Norte que presida un grupo del gabinete encargado de recomendar formas de infundir vida a una comunidad norteamericana. Una directiva presidencial debe apoyar este objetivo, instruyendo al gabinete a dar preferencia a América del Norte.

Robert A. Pastor

Miembros del Grupo de Trabajo

Pedro Aspe es director general de Protego, firma líder en México de asesoría en banca de inversión. Su cargo público más reciente fue el de secretario de Hacienda en México (1988–94). Ha sido profesor de economía en el Instituto Tecnológico Autónomo de México (ITAM) y ocupado diversos cargos en el gobierno mexicano.

Thomas S. Axworthy* es presidente del Centro para el Estudio de la Democracia en la Universidad de Queens. De 1981 a 1984, el doctor Axworthy fue secretario principal del primer ministro de Canadá, Pierre Trudeau. De 2001 a la fecha ha sido presidente de la Fundación Asia Pacífico de Canadá.

Heidi S. Cruz* es funcionaria de banca de inversión en energía con Merrill Lynch en Houston, Texas. Colaboró en la Casa Blanca durante el gobierno de Bush, bajo las órdenes de la doctora Condoleezza Rice, como directora económica para el Hemisferio Occidental en el Consejo Nacional de Seguridad, como directora de la Oficina Latinoamericana del Departamento del Tesoro, y como asistente especial del embajador Robert B. Zoellick, representante comercial de Estados Unidos. Antes de ser servidora pública, la señora Cruz era funcionaria de banca de inversión con J. P. Morgan en la ciudad de Nueva York.

Nota: Los miembros del Grupo de Trabajo participan a título individual y no institucional.

*El individuo ha respaldado el informe y ha presentado una opinión adicional o disidente.

Nelson W. Cunningham* es socio administrador de McLarty Associated, la firma de asesoría estratégica internacional. Fue consejero de la campaña presidencial de John Kerry sobre temas económicos internacionales y de política exterior, en 2004, y antes fue funcionario de la Casa Blanca en la presidencia de Bill Clinton como consejero especial del presidente en Asuntos del Hemisferio Occidental. Anteriormente fue abogado en la Casa Blanca, consejero general del Grupo Judicial del Senado cuando era presidido por Joseph Biden, y fiscal federal en Nueva York.

Thomas P. d'Aquino es ejecutivo en jefe del Canadian Council of Chief Executives (CCCE, por sus siglas en inglés), compuesto por 150 ejecutivos en jefe de empresas importantes de Canadá. Abogado, empresario y estratega empresarial, ha sido asistente especial del primer ministro de Canadá y profesor adjunto de enseñanza del derecho en derecho mercantil internacional. Es presidente de la Iniciativa de Seguridad y Prosperidad para América del Norte del CCCE, lanzada en 2003.

Alfonso de Angoitia es vicepresidente ejecutivo y presidente del Grupo Financiero de Grupo Televisa, S. A. Además ha sido miembro del consejo directivo y del Grupo ejecutivo de la compañía desde 1997, y trabajó como principal funcionario financiero (1999–2003). Antes de ingresar en Grupo Televisa, S.A., fue socio del bufete legal Mijares, Angoitia, Cortés y Fuentes, S.C., en la ciudad de México.

Luis de la Calle Pardo* es director gerente y socio fundador de De la Calle, Madrazo, Mancera, S.C. Fue subsecretario de Negociaciones Internacionales de Comercio en la Secretaría de Hacienda de México y negoció varios de los acuerdos bilaterales de libre comercio de México y de los acuerdos regionales y multilaterales con la Organización Mundial del Comercio. Como ministro de Comercio y del TLCAN en la embajada mexicana en Washington, DC, desempeñó un papel clave en la elaboración y puesta en marcha del Tratado de Libre Comercio de América del Norte.

Wendy K. Dobson es profesora y directora del Instituto para Empresas Internacionales de la Escuela Rotman de Administración de la Universidad de Toronto. Ha sido rectora del Instituto C. D. Howe y subsecretaria asociada de Finanzas en el gobierno de Canadá. Es vicepresidenta del Consejo Canadiense de Contabilidad Pública y directora no ejecutiva de varias corporaciones.

Richard A. Falkenrath es miembro visitante en la Brookings Institution. Antes colaboró como subconsejero en Seguridad Interior y asistente especial del presidente, y director *senior* de Políticas y Planes en la Oficina de Seguridad Interior de la Casa Blanca. También es director *senior* del Grupo Civitas LLC, firma de servicios de consultoría estratégica e inversión que atiende al mercado de seguridad interior, analista en seguridad de la agencia Cable News Network (CNN), y miembro del Consejo Asesor Empresarial de Arxan Technologies.

Rafael Fernández de Castro es fundador y jefe del Departamento de Estudios Internacionales del Instituto Tecnológico Autónomo de México (ITAM). El doctor Fernández de Castro es el director de *Foreign Affairs en Español*, revista hermana de *Foreign Affairs*. También es columnista del periódico *Reforma* y del semanario *Proceso*.

Ramón Alberto Garza es presidente y director general de Montemedia, empresa consultora especializada en medios, imagen pública, relaciones con empresarios y políticas en el continente americano. También fue el director ejecutivo fundador del periódico *Reforma* y presidente de Editorial Televisa.

Gordon D. Giffin es socio *senior* de McKenna Long & Aldridge LLP, y fue embajador de Estados Unidos en Canadá (1997–2001). También pasó cinco años como consejero en jefe y director legislativo del senador estadounidense Sam Nunn. Actualmente es miembro de varios importantes consejos de administración corporativos, así como en el Consejo de Directores del Centro Carter, además de su práctica del derecho internacional.

Allan Gotlieb* fue embajador canadiense en Estados Unidos, subsecretario de Estado para Asuntos Exteriores y presidente del Consejo Canadiense. Actualmente es consejero *senior* del bufete jurídico Stikeman Elliott LLP, y presidente de Sotheby's Canada y de la Fundación Donner. También ha sido miembro del consejo de varias corporaciones canadienses y estadounidenses, impartido cátedra en universidades de ambos países, y es autor de libros y artículos sobre derecho internacional y asuntos internacionales.

Michael Hart ocupa la cátedra Simon Reisman en política comercial en la Escuela Norman Paterson de Asuntos Internacionales de la Carleton University, en Ottawa. Fue funcionario del Departamento de Asuntos Exteriores y Comercio Internacional de Canadá, fue director fundador del Centro Carleton para Política Comercial y Derecho Mercantil, y es autor de más de una docena de libros y un centenar de artículos sobre comercio y política exterior canadienses.

Carlos Heredia* es asesor especial para asuntos internacionales del gobernador del Estado de Michoacán, Lázaro Cárdenas Batel. Ha ocupado cargos de alto nivel en la Secretaría de Hacienda y en el gobierno del Distrito Federal. Durante 20 años ha trabajado con organizaciones no gubernamentales de México, Canadá y Estados Unidos, promoviendo la ciudadanía económica y el desarrollo participativo. De 2002 a la fecha ha sido vicepresidente del Consejo Mexicano de Relaciones Exteriores (COMEXI).

Carla A. Hills* es presidenta y ejecutiva en jefe de Hills & Company, firma consultora internacional que da asesoría a empresas estadounidenses sobre inversión, comercio y evaluación de riesgo en el extranjero, en particular en economías de mercado emergentes. También es vicepresidenta del Council on Foreign Relations. De 1989 a 1993 fue representante comercial de Estados Unidos, principal asesora del presidente en política sobre comercio internacional y principal negociadora comercial del país, representando los intereses estadounidenses en negociaciones multilaterales y bilaterales de comercio en todo el mundo.

Gary C. Hufbauer* fue director del Council on Foreign Relations y titular de la cátedra Maurice Greenberg en 1997 y 1998. Luego reasumió su cargo de miembro *senior* Reginald Jones en el Instituto de Economía Internacional. Junto con Jeffrey J. Schott, completa una nueva evaluación del TLCAN, que se publicará en otoño de 2005.

Pierre Marc Johnson,* ex primer ministro de Québec, abogado y médico, de 1996 a la fecha ha sido consejero de las oficinas legales de Heenan Blaikie. Fue miembro *senior* del bufete de René Lévesque (1976–85) y su sucesor. Desde 1987, es profesor de derecho (McGill University) y consejero de las negociaciones de la ONU sobre el medio ambiente internacional. Ha escrito libros y ensayos sobre comercio y medio ambiente, participación de la sociedad civil y globalización. Es conferencista en México, Canadá y Estados Unidos y colabora en consejos canadienses y europeos.

James R. Jones es presidente y director general de Manatt Jones Global Strategies, empresa consultora en negocios. Antes fue embajador estadounidense en México (1993–97), presidente de Warnaco International, presidente y director general de la Bolsa de Valores de Estados Unidos, y miembro del Congreso estadounidense por Oklahoma (1973–87), donde fue presidente del Grupo de Presupuesto de la Cámara de Representantes. Fue secretario de Nombramientos (actualmente conocido como jefe del Equipo de Colaboradores) del presidente Lyndon B. Johnson. Es presidente de Meridian International y de los World Affairs Councils of America, y miembro del consejo de Anheuser-Busch, Grupo Modelo, Keyspan Energy Corporation y la Fundación Familia Kaiser.

Chappell H. Lawson,* director de proyecto de este Grupo de Trabajo, es profesor asociado de ciencia política en el MIT, donde ocupa la cátedra Generación 1954 de Desarrollo de Carrera. Antes de ingresar en el profesorado del MIT fue director de Asuntos Interamericanos del Consejo Nacional de Seguridad.

John P. Manley es consejero *senior* en McCarthy Tétrault LLP. Ocupó varias carteras de primer nivel en el gobierno canadiense durante sus

15 años de servicio público, entre ellas las de industria, asuntos exteriores y finanzas, además de ser viceprimer ministro. Después de los acontecimientos del 11 de septiembre de 2001 fue nombrado presidente del Grupo del Gabinete sobre Seguridad Pública y Antiterrorismo, en cuya calidad negoció el Acuerdo de Frontera Inteligente con el secretario estadounidense de Seguridad Interior, Tom Ridge.

David McD. Mann Q.C. es consejero en Cox Hanson O'Reilly Matheson, despacho jurídico del Canadá atlántico. Es ex vicepresidente y ex presidente y ejecutivo en jefe de Emera Inc., compañía diversificada de energía y servicios que pertenece a inversionistas.

Doris M. Meissner es miembro *senior* del Instituto de Política Migratoria (MPI, por sus siglas en inglés) en Washington. Durante 30 años, ha trabajado en los temas de política de inmigración y migración internacional, tanto en organizaciones gubernamentales como en la investigación de políticas. Trabajó como funcionaria *senior* en el Departamento de Justicia de Estados Unidos durante las administraciones de Nixon, Ford, Carter y Reagan, y como asociada *senior* en el Carnegie Endowment for International Peace. De 1993 a 2000, trabajó de nuevo para el gobierno durante los años de Clinton como comisionada del Servicio de Inmigración y Naturalización (INS, por sus siglas en inglés).

Thomas M.T. Niles es vicepresidente del Consejo Estadounidense de Negocios Internacionales (USCIB, por sus siglas en inglés). Se retiró del Servicio Exterior estadounidense en septiembre de 1998, después de una carrera de más de 36 años en la que fue embajador en Canadá (1985–89), embajador ante la Unión Europea (1980–91), secretario asistente de Estado para Europa y Canadá (1991–93) y embajador en Grecia (1993–97).

Beatriz Paredes* es presidenta de la Fundación Colosio, A.C. Fue embajadora de México en Cuba y Gobernadora del Estado mexicano de Tlaxcala; primera mujer en ocupar dicho cargo en ese estado y segunda en el país (1987–92). También fue presidenta de la Cámara de Diputados.

Robert A. Pastor* es director del Centro de Estudios Norteamericanos, vicepresidente de Asuntos Internacionales y profesor en la American University. De 1977 a 1981 fue director de Asuntos Latinoamericanos en el Consejo Nacional de Seguridad. Es autor o compilador de 16 libros, entre ellos *Toward a North American Community: Lessons from the Old World to the New*.

Andrés Rozental es presidente del Consejo Mexicano de Asuntos Internacionales. Fue diplomático de carrera durante más de 30 años, durante los cuales fue embajador en el Reino Unido (1995–97), subsecretario de Relaciones Exteriores (1988–94), embajador en Suecia (1983–88) y representante permanente de México ante la ONU en Ginebra (1982–83). Durante 2001 fue embajador plenipotenciario y enviado especial del presidente Vicente Fox. Fundó y dirige la consultoría *Rozental & Asociados* que asesora a empresas multinacionales sobre su estrategia corporativa en América Latina.

Luis Rubio es presidente del CIDAC (Centro de Investigación Para el Desarrollo), institución independiente de investigación dedicada al estudio de asuntos políticos y económicos. Antes de ingresar en el CIDAC, en los años setenta, fue director de planeación de Citibank en México y consejero del secretario mexicano de Hacienda. También es colaborador del periódico *Reforma*.

Jeffrey J. Schott* es miembro *senior* del Instituto de Economía Internacional. Fue funcionario del Tesoro estadounidense y negociador comercial de su país, y ha dado clases en las universidades de Princeton y Georgetown. Ha sido autor o coautor de 15 libros sobre comercio internacional, entre ellos *NAFTA: Achievements and Challenges* (2005); *NAFTA: An Assessment* (1993); *North American Free Trade* (1992) y *The Canada-United States Free Trade Agreement: The Global Impact* (1988).

William F. Weld es director en Leeds Weld & Co., firma privada de Nueva York de inversión en valores. Antes fue electo gobernador de Massachusetts por dos periodos consecutivos (1991–97), fue procurador general asistente a cargo de la División Criminal del Departamento de

Justicia de Estados Unidos en Washington, DC (1986–88), y procurador federal en Massachusetts durante el gobierno de Ronald Reagan (1981–86).

Raúl H. Yzaguirre actualmente es profesor presidencial de práctica en la Universidad Estatal de Arizona, Desarrollo Comunitario y Derechos Civiles. Yzaguirre, quien en fecha reciente se retiró como presidente y director general del Consejo Nacional de La Raza (CNLR) en Washington, DC (1974–2005), encabezó el surgimiento de esa agrupación como la mayor organización hispánica de base electoral y el principal grupo de análisis de esa comunidad.

Observadores del Grupo de Trabajo

Sam Boutziouvis
Canadian Council of Chief Executives

Daniel Gerstein
Council on Foreign Relations

Lawrence Spinetta
Council on Foreign Relations

David Stewart-Patterson
Canadian Council of Chief Executive

Selected Reports of Independent Task Forces
Sponsored by the Council on Foreign Relations

*†*Iran: Time for a New Approach* (2004), Zbigniew Brzezinski and Robert Gates, Co-Chairs; Suzanne Maloney, Project Director

*†*Renewing the Atlantic Partnership* (2004), Henry A. Kissinger and Lawrence H. Summers, Co-Chairs; Charles A. Kupchan, Project Director

*†*Nonlethal Weapons and Capabilities* (2004), Graham T. Allison and Paul X. Kelley, Co-Chairs; Richard L. Garwin, Project Director

*†*New Priorities in South Asia: U.S. Policy Toward India, Pakistan, and Afghanistan* (2003), Frank G. Wisner II, Nicholas Platt, and Marshall M. Bouton, Co-Chairs; Dennis Kux and Mahnaz Ispahani, Project Co-Directors; Cosponsored with the Asia Society

*†*Finding America's Voice: A Strategy for Reinvigorating U.S. Public Diplomacy* (2003), Peter G. Peterson, Chair; Jennifer Sieg, Project Director

*†*Emergency Responders: Drastically Underfunded, Dangerously Unprepared* (2003), Warren B. Rudman, Chair; Richard A. Clarke, Senior Adviser; Jamie F. Metzl, Project Director

*†*Burma: Time for Change* (2003), Mathea Falco, Chair

*†*Meeting the North Korean Nuclear Challenge* (2003), Morton I. Abramowitz and James T. Laney, Co-Chairs; Eric Heginbotham, Project Director

*†*Chinese Military Power* (2003), Harold Brown, Chair; Joseph W. Prueher, Vice Chair; Adam Segal, Project Director

*†*Iraq: The Day After* (2003), Thomas R. Pickering and James R. Schlesinger, Co-Chairs; Eric P. Schwartz, Project Director

*†*Threats to Democracy* (2002), Madeleine K. Albright and Bronislaw Geremek, Co-Chairs; Morton H. Halperin, Project Director; Elizabeth Frawley Bagley, Associate Director

*†*America-Still Unprepared, Still in Danger* (2002), Gary Hart and Warren B. Rudman, Co-Chairs; Stephen Flynn, Project Director

*†*Terrorist Financing* (2002), Maurice R. Greenberg, Chair; William F. Wechsler and Lee S. Wolosky, Project Co-Directors

*†*Enhancing U.S. Leadership at the United Nations* (2002), David Dreier and Lee H. Hamilton, Co-Chairs; Lee Feinstein and Adrian Karatnycky, Project Co-Directors

*†*Testing North Korea: The Next Stage in U.S. and ROK Policy* (2001), Morton I. Abramowitz and James T. Laney, Co-Chairs; Robert A. Manning, Project Director

*†*The United States and Southeast Asia: A Policy Agenda for the New Administration* (2001), J. Robert Kerrey, Chair; Robert A. Manning, Project Director

*†*Strategic Energy Policy: Challenges for the 21st Century* (2001), Edward L. Morse, Chair; Amy Myers Jaffe, Project Director

*†*State Department Reform* (2001), Frank C. Carlucci, Chair; Ian J. Brzezinski, Project Coordinator; Cosponsored with the Center for Strategic and International Studies

*†*U.S.-Cuban Relations in the 21st Century: A Follow-on-Report* (2001), Bernard W. Aronson and William D. Rogers, Co-Chairs; Julia Sweig and Walter Mead, Project Directors

*†*A Letter to the President and a Memorandum on U.S. Policy Toward Brazil* (2001), Stephen Robert, Chair; Kenneth Maxwell, Project Director

*†*Toward Greater Peace and Security in Colombia* (2000), Bob Graham and Brent Scowcroft, Co-Chairs; Michael Shifter, Project Director; Cosponsored with the Inter-American Dialogue

*†*Future Directions for U.S. Economic Policy Toward Japan* (2000), Laura D'Andrea Tyson, Chair; M. Diana Helweg Newton, Project Director

---

†Available on the Council on Foreign Relations website at www.cfr.org.
*Available from Brookings Institution Press. To order, call 800-275-1447.